JN065409

百日紅

田守榮子
TAMORI Eiko

文芸社

自伝発刊を祝して――ひょうごのお母ちゃん

令和四年三月、田守榮子さんは寄稿文集「仰山《ぎょうさん》」をまとめられ、発刊された。この本は、田守さんのこれまでの生業のなかで、関わりのあった方々とのふれあいを、田守さんとの接点から、田守さん自身ではなく、関わった方々が寄稿されたものである。題名もユニーク。仰山の、いかに多くの方々とのふれあいがあり、その体験や経験を知るたびに、田守さんが多面的に思慮深く活動されてきたことに感動を覚える。それだけに、私は「ひょうごのお母ちゃん」として私の思いを述べてみた。

ただ、その時から田守さんには、自分の半生を振り返り、これからへの意欲を表す「自分史」をまとめられたら如何かと申し上げていた。本人はあれでいてなかなかの照れ屋なので、本気でまとめられるかなと懸念していたが、今般ようやくまとめられた。これは大変喜ばしいことになる。

「百日紅」と題されている。すぐに読めますか。「さるすべり」は、真夏に深紅の花を咲かす幹がすべすべした木だ。この題名の名付けには謂《いわ》れがある。田守さんが湊川女子学園で同僚だった児玉尊臣《こだまたかおみ》先生が、彼女を称して「田守さんは、草木に例えれば、百日紅だ。あの暑い夏に深紅の花を咲かせる。花が少ない時に、大変目立つ花だ。田守さんはよく目立つので百日紅だ」と言われたことがあったそうだ。それは言い得て妙である。まさに、田守さんの一生、これまでは、生徒、小中学校の先生、短大の講師、婦人会活動など女性の社会参加、行政や地域活動のリーダーなど多角的多面的に活躍されているばかりか、茶道や華道についても師範として後継を指導されている。まさにスーパーお母さんである。

田守さんは、記憶にブレや曖昧さが全くない。九十三歳になられているのに、小学校時代の歴史で憶えた歴代天皇陛下を今でも滔々《とうとう》と述べることができるほどであり、きっと正確な自分史をものにされていることだろう。それにしても、田守さんは、女性リーダーとして、女性の地位の向上、確立のために尽くされてきたことには、心から感謝したい。

田守さんのこれからは、「一〇〇年（いちまるまるねん）を生きる会」（仮称）を立ち上げて、まさに百歳を目指す男女に呼びかけ、超老人パワーでもって社会発信していくことになるらしい。これからも、健康に留意して、生涯現役を旨としながら、ぎょうさんの方々と出会い、語らい、地域を舞台に活動し、百歳を目指して多忙な生活を続けて、ひょうごのお母ちゃんとして発信し続けてほしい。

「たくさんの縁もらいた交わりが影響与えて木霊するなり」
（たもりえいこ）

元兵庫県知事　井戸敏三

はじめに

井戸敏三氏よりお言葉を頂戴しました。

そちらでも紹介されました、歌人であり、郷土史研究家でもあった児玉尊臣さんの、

「あんたは、さるすべりやな」

という言葉……。聞いた時、最初は、

「猿？　猿が樹から落ちるの『さるすべり』か？」

と、思ったものです。

ですが、続く「百日紅」という漢字の説明で感動しました。

紅色の鮮やかな花が、百日も咲き続けるとは、目立ちたがりの私にぴったりではありませんか。その花にたとえてもらったのは本当に光栄なことです。

平成三十一（二〇一九）年四月二十三日、兵庫六甲ＪＡ神戸北女性総会にて、一人芝居「姑母《はは》」を演じました。

畳にちゃぶ台、和箪笥に火鉢、ワンダフルで浮世離れした姑の話を主体とした思い出を

一人で何役も演じました。

そこで演じたものを書籍にとの話から、さらに様々書き加えて今回の自伝の発刊に繋がりました。

昭和、平成、令和と、戦争の時代も平和になってからも生き抜いて、農業と女性の地位向上のため、九十三歳を超え今なお奮闘している私の人生、波瀾万丈な話をお楽しみください。

令和六年二月

田守榮子

目次

序章　嫁入り

花嫁姿でハイヤーに

昭和二十七（一九五二）年三月二十七日。

花嫁衣装に身を包んだ私は、兵庫県丹波篠山《ささやま》の大沢《おおざわ》から、ハイヤーに乗りました。ハイヤーに乗って嫁入りです。

ハイヤーは特別な乗り物で、乗るのは女の子が嫁入りする時。「いつか乗る」と私も夢見ていました。

嫁入りの時は、父親が付き添うのが当時のしきたりでした。里心がつくから、との理由で、母親は付いていけないので、実家で「さいなら」です。

父は、私が十八歳の時に亡くなっていましたので、兄が父の代わりにハイヤーに乗り込んでくれました。

当時の道は凸凹です。今のようにきちんと舗装された道路ではありません。元々乗り物酔いしやすい私は、ハイヤーの揺れと窮屈な花嫁衣装で、案の定気分が悪くなってしまいました。

「しんどい」

「俺の肩にもたれろ」

そう言ってくれた兄の肩にもたれたところ、カンザシがポロリと落ちました。

「おい、カンザシ落ちたぞ。どこに挿すんだ？」

兄がそう言ってくれましたが、車酔いで、それどころではありません。

「どこになと、さして……」

兄にもたれたまま、チラリと車窓から外を見上げたところ、角隠しの隙間から、えらい山々が見えてきました。

「ここ、何？　私の生まれた篠山の家よりか、山ん中やんか？」

そう、思いました。

嫁ぎ先の田守家は、有馬郡藍村《あいむら》、現在の兵庫県三田《さんだ》市下相野《しもあいの》です。その頃の藍村は、今よりもずっと山の中という印象でした。結婚当日まで、田守家に来たことがなかった私は、どんな所で、どんな家か、何も知らずに来たのです。

母親の付き添いがなく、少し心細かったのですが、田守の家の前には、大勢の村の子供やご婦人たちが出迎えに来てくださっていたのを覚えています。

ハイカラな姑

当時の結婚とは、文字通りの嫁入りで、結婚式は、嫁入り先の家で行われるものでした。

田守の屋敷の座敷にて、三々九度の盃も終え、そのあとは親戚や村の衆の酒盛りになりました。祝宴は盛り上がり、夜中の十二時になっても人々は帰ろうとはしません。すると姑が私に言ったのです。

「あんな酒呑み、もうほっときなはれ、愛想《あいそ》してたら朝まで付き合いせなあきまへんで。もう引き上げてな、早《は》よお風呂入って休みなはれ」

信じられない言葉でした。確かに時間も遅いですが、主役の花嫁が引き上げるなど……。戸惑いましたが姑は更に続けて、

「うちのお風呂、大きいさかいな、二人入れますからな、美茂《よししげ》と一緒に入って、背中流し

たっておくんなはれ」

美茂とは、夫の名前です。私は事前に姑のことを、

「ここのお母さんは、東京女子大出なんやから大変や」

そう聞いていたのですが、まさか祝宴の最中、嫁にお風呂をすすめてくるとは、本当に驚愕しました。

「ハイカラやな」

と、思いました。実母からは、

「あのな、嫁さんに行ったらお風呂は『しまい湯』、朝は一番に起きるんやで」

そう言われて嫁いできたものです……。

「うちは、お風呂も仕事のうちだす。すいてるもんから入ったらよろしあす」

と、姑は更にお風呂を勧めてくれます。

「東京女子大卒のお姑さん、偉いこっちゃ」

と、世間の噂で不安ながら嫁いだ私でしたが、この姑の発言で少し思惑が変わったのでした。

第一章　嫁入り前の半生

丹波篠山大沢村

ＪＲの篠山口駅の南側にあります山城、大沢城の城下、大沢村が私の生まれ故郷です。大沢城は、長らく難攻不落の城として知られていました。大藪があり、地形を利用して城へ向かう山肌に竹の皮を流して、登ってこられないようにして敵の襲撃を阻んでいたのです。

しかし、その守りのための竹の皮に火を放たれ、焼け城となったのです。

焼け城の跡が今もあり、私が子供の頃には、

「焼け城の跡には城の兵糧の米が焼けたものが残っている」

と探しにいって、米の大きさの焼けた炭の粒を拾ってきて、

「三粒あった」

などと言って、お米と一緒に炊いて食べるのが村の秋祭りの行事でした。

榮子は誰の生まれ変わりなのか

「榮子は、誰の生まれ変わりなんやろな?」

子供の頃、私は母によくそんなふうに言われていました。才気煥発《さいきかんぱつ》と言われていました私を育てる中、母は様々感じていたのかもしれません。

昭和五(一九三〇)年一月二十四日。私は丹波篠山大沢村の古杉《こすぎ》家に七人兄妹の四女として生まれました。

幼少期の思い出は、父に連れられて行った畑での草引き。

母方の叔父の奥さんが作ってくれた、ハイカラなパフスリーブの袖の服。

姉に教わった編み物でワンピースを作ったのは、まだ小学校四年の時でした。

集落では小学校の学力で順位がつけられていたのですが、私の通っていた小学校はその順位が一位から三位くらいと教育熱心なところで、朝、お宮さんに行き、高天原祝詞《たかまがはらのりと》を唱えてから学校に行きました。

小学校の頃には、もう戦争が始まり、思い出は戦争の影があるものも多いです。今と違って簡単に旅行などはできない頃、楽しみにしていた小学生最後の年のお伊勢参りも中止になりました。

竹の米櫃《こめびつ》に残ったご飯をまとめて干して、砂糖醤油で焼いたオヤツ。

戦時下の灯火管制下では、飛行機の音がすると、光が家の外に漏れないようにしなければならず、たった一つの電灯に黒い幕をかけて下ろし、その中に家族全員で入りました。皆その中で作業の続きなどをしたものです。

もの悲しいですが、そんなことでも家族と一緒に過ごしたことは楽しい思い出なのです。

一面の松茸

実家は農業を生業としていましたが、松茸の商いなども行っていました。

松茸山に松茸採りに行った光景は忘れられません。一面の松茸は感動的で、同時期に生えるシメジなども見事なものでした。自生している本物のシメジは青っぽい銀色で透き通るようで、本当に綺麗でした。

松茸を採り慣れてくると、ふわっとした地面の持ち上がりの下に、見えなくても生えているのが分かるようになるのです。たくさん採るので腰を屈めることすらせずに、足先でチョイチョイっと探って松茸を収穫しました。

松茸山の所有の境から「松茸を足で採れるんだっか?」と、人に驚かれたこともありました。

子供の私は、伝票とお金を母のシルクの帯揚げに包み胸元にくくりつけて、尼崎にある姉の嫁ぎ先の「松茸の先物取引」に一人でお使いに行かされていました。小学校五年だったと記憶しています。子供一人でなど、今では考えられません。

よそいきの洋服で行って、店の番頭さんに「お嬢さん」と呼ばれる愉しさもありましたが、やはり大変で辛い思い出です。

大人になってから母にその話をしたのですが、母は、

「そんなことはさせてない」

と、言いきったのです。させた方は覚えていなくても、させられた私は忘れていません。

上農は草を見ずして

「上農は草を見ずして草を引く、中農は草を見てから草を引く、下農は草を見て草を引かず」

父は農業を営む者として、この言葉を畑に行くたびに言っておりました。草を引く、草引きというのは、関西地方で雑草取りを示す言葉です。

私は畑の草引きを手伝わされるのが嫌いでした。小学校の夏休み、夜に運動場で活動写真、今で言う映画を上映する時に、

「この草引いたら行かしたる」

そう言われて、嫌々草引きをしたこともありました。

「上農は草を見ずして草を引く、中農は草を見てから草を引く、下農は草を見て草を引かず。榮子、分かったか?」

父に何度も言われたこの言葉……。子供の私は、

「何のこっちゃ、分からへんわ」

そう思っていたのです。

「目的でないものは雑草である。大根のタネを蒔いて、そうでないものが生えたら、それ

は雑草である。賢い上農はそれを見ずとも選ぶことができる」

と、いう農業の教えとしての諺《ことわざ》なのですが、その時の父の言葉の真髄を理解できたのは、ずっとあと田守の家に嫁いでから更に何十年もあとのことでした。

篠山の杜氏《とうじ》といって、男は、冬になると灘の酒蔵に出向き、「おやっさん」と呼ばれ蔵の責任者である杜氏を務める風習があったのですが、父は東京に行っていました。なぜ灘ではなく東京だったのかは今となっては知る由もありませんが、田舎の村にはない上等なカバンを買ってきてくれたりしたのを覚えています。

憧れの兄

十歳年上の兄は憧れの人でした。

青年将校で、マントを羽織った軍服姿はとても格好良く、

「うちの兄ちゃん、偉い人になったんだ」

戦争がどういうものなのか？　その軍服が意味するものは何なのかも、まだ分からぬ少女の私は、そんなふうに思ったものでした。

兄は、東海道新幹線開業時に豊橋の電気工事局の専属技師でした。新幹線が開通して、国鉄の人と一緒に兄はその新幹線初の乗客になりました。

普通のおかあちゃん

母の実家の杉本家は、現在も山からの湧水を飲み水にしていて、大沢城から北東に位置する禄庄《ろくしょう》城の城主、平家の系統、北条時子と親戚筋であると言われた由緒のある家系でした。

そんな家の出でも、母は女であるということで小学校しか出ていませんでした。

戦時中、仕立てる布がない時は自分の着物を解いて、ミシンも使わずすべて手縫いで何でも作っていました。着物の布の白い部分で体操服のシャツ、黒い布でブルマー、赤い布で襷《たすき》。足袋《たび》まで作る器用な人でした。

草履《ぞうり》は「わらたたき」をして作ってくれました。

私も、母にならって夜なべで行った「わらたたき」のことを書いた作文が、

「とんとんとん今日も帰ってわらたたき。桃の木の下で」

の、書き出しで、その作文は新聞に掲載され、小学校の校長に表彰されました。

戦時中は国力増強のため、人口を増やそうと政府から「産めよ殖《ふ》やせよ」というスローガンで、五人以上の子供を産むことが推奨されていました。

しかし、栄養不足や医療も発達していなかった当時、生まれてきても幼い頃に多くの子供は亡くなりました。そんな中、母は生んだ七人の子供を、

「健全に一人も死なせず成長させた」

と、県知事から表彰されて、その唯一の賞状が誇りの人でした。

母は自分のことを「普通のお母ちゃん」だと言っておりましたが「立派なお母ちゃん」でした。


「桊子は誰の生まれ変わりなんやろな?」

そう、私に言っていた母は、私の中にどんな人物を思い浮かべていたのでしょうか?

恩師・岸本先生

小学校の四年、五年と担任だった岸本計夫《きしもとかずお》先生との出会いが、その後の私の人生に大きな影響を与えてくれたのです。

当時、世界中が戦争へ向かう世情の中、大日本帝国と呼ばれていた日本は、のちに軍事教育と呼ばれる教育の真っ最中でした。

「神武《じんむ》綏靖《すいぜい》安寧《あんねい》懿徳《いとく》孝昭《こうしょう》……」

朝一番から唱えるのは、歴代の天皇の名前です。

小さな子供に機械的に暗唱させる画一的な教育方針。

そんな中、岸本先生の授業は、とても個性を重んじるものでした。

「古杉さん、この課題を劇化しなさい」

そう言われ、私は即興で皆の前で「一人芝居」を演じたものです。授業の時間、生徒一人にそのようなことをさせるというのは、今の時代では考えられないことでしょう。

「陶工《とうこう》柿右衛門《かきえもん》の場面を劇にしなさい」

そう言われた私は、まず黒板に柿の絵を描き、先生の椅子に座って、父に借りた煙管《きせる》をふかす所作をして、柿右衛門の声色を作り、

「あっ、この色……」

と、柿の絵を指差しました。柿右衛門が赤絵の色を思い付いたシーンの再現です。

また、「唐糸草子」の劇にも取り組みました。

「母上様、木曾の万寿でございます」

母のビロードの房のついた首巻きを被り、姉の真っ赤な曼珠沙華《まんじゅしゃげ》の柄の羽織を着て、黒板には牢屋の絵を描いて松の枝をたらして……。源頼朝から母唐糸を救った万寿姫の話です。

娯楽の少なかった当時、皆は私のそんな劇を観て、喜んでくれました。

今から思えば、この時、人前で何かを成すこと、人に喜んで貰えることの喜びを覚えたのです。

未来へ続く女学校

その後、女学校に入学しました。

父は「女に学問は必要ない」との考えでしたが、兄が学びたい私の気持ちを汲んで、強く説得してくれたのです。でも、本当は大学にも行きたかったのです。

「好きなことを学べなかった」

という思いは残りました。なので、これでもかこれでもかと努力をしました。

茶道に華道は、道をのぼり教える立場になり、様々な公的な場所や、国際的な行事にもご奉仕ができるようになりました。


女学校を卒業後は、そこで助手として働くことになりました。

当時の女性の就職は、女中さんやら看護師さんやら店員さんやらが多く、就職するイコール家を離れる、「口減らし」も少しあった頃でした。そんな意味合いもあって、父は就職にも反対していました。

女学校から再三強く求められたので、そこまで言ってくれるのならと、私は決意して勤めることにしたのです。

その女学校の助手だった頃、ピアノを習おうと宝塚音楽学校の先生を紹介してもらいました。乙羽信子さん、深緑夏代さん、越路吹雪さんなどのレッスンもしている方、女優の高峰妙子さんでした。

頭のてっぺんからピンと糸で引っ張ったように声を出すレッスンを受けました。しばらく通いましたが、いつになってもピアノのピの字も出てきません。おかしいな？　と思いましたら、それはピアノではなく声楽のレッスンでした。

希望のピアノではなかったのでその後辞めてしまいましたが、その時の声楽のレッスンで腹式呼吸を習ったのが、その後、人前で話すときの役に立っているのですから、必要な出会いだったのかもしれません。

洋裁学校にも通いました。これはまた、子供の洋服を、幼稚園から小学校まで手作りすることなどに役立っているのです。

夫との出会い

その後、私は短期臨時教員養成所を出て小学校の教師となり、三田《さんだ》小学校に赴任しました。

一学年、松、竹、梅、桜と四クラスでした。私は竹組担任の古杉榮子先生。のちに夫となる田守美茂先生は桜組の担任でした。

美茂先生は留守がちでした。教員組合の青年部委員長をしていて、その組合運動で忙しくしていたのです。

桜組の教室にはちょっとだけ顔を出し、教室が隣だった私の所に来て「頼むで、頼むで」と言って、出かけてしまうのです。私が二組分の生徒を担当していたのです。今だったら保護者から非難轟々でしょう。そんなことも許される時代でした。

小学校の職員旅行で白浜に行った時、車中で美茂先生と二人でトランプをしました。事前に紙に「願いごと」を書き、勝った方が聞くという約束でした。私は「宝塚歌劇」と紙に書きました。

トランプ勝負の結果は美茂先生の勝ち。それなのに美茂先生は、その「願いごとを書いた紙」を見せません。

「勝ったのに何で？」

と、思いました。強引に見ると、汚い紙の切れ端に、小さな小さな字で「結婚」と書いたのを縦線二本で消してあったのです。

私は、

「ええ？　そないなこと思われてるのか？」

と思い、美茂先生を意識し始めたのです。

向こうは、そう……「結婚したい」と思っていたのに、そのあとも、

「してほしいけど、したらあかん」

「あんたは若いから、どこにでも嫁に行ける」

「私と結婚したら、あきません」

と、美茂先生は言い続けました。

今、考えれば難しい姑も小姑もいる……。来たら可哀想だから、気の毒だから、

「うちに来たら、あかん」

と、言っていたのかもしれません。

しかし私の性格的に、そう言われれば言われるほど、余計、

「行ったろか！」

と、思ったのです。

美茂先生は、それを分かって言っていたのでしょうか？

「狡《ずる》うないか？　あいつ狡っこい人やな」

と、あとから思いましたけれど……。

そうして私は、二十三歳で三十三歳の夫と結婚しました。十歳上でしたが、兄が大好きで憧れをもっていた私は、年上の男性が好きだったのです。

第二章　田を守って栄える

嫁入り後の生活

嫁入りの夜、姑の「ハイカラ」な言動で、少し思惑が変わったことは書きましたが、さてその後……。明くる日から、何をするのか何も教えてくれませんでした。

「お米を二升洗っておくように」

と、言われたのはそれだけです。

夫は、六人きょうだいの長男で、結婚当時、まだ嫁いでいない妹と弟も一緒に暮らしていました。私より年上の義妹と、大学生の義弟、舅《しゅうと》と姑《しゅうとめ》の合わせて大人六人。それと大きな犬一匹と猫二匹の大所帯でした。

「何時に、ご飯を炊きましょうか？」

そう聞きましたが返事はなく、明くる朝、起きたらご飯は炊けていました。

田守の家には乳牛がいて、毎朝乳搾りがあり、乳搾りの前にお湯を沸かしお乳を拭きます。この朝一の湯沸かしは舅がするので、その横でご飯は一緒に炊いてくれていたのです。乳牛は、姑が兵庫県有馬郡で初めて飼い始めたと聞きました。やはり「ハイカラ」です。その当時は、乳牛一頭からとれる牛乳で大学を卒業することができるくらい、牛乳は高かったのです。

美しい手

「あんたの手、美しおすな」

姑が、そう褒めてくれました。

教師をしていた頃にも、そういえば手は何度も褒められていました。職員室のダルマストーブにかざした手を褒められたことを思い出し、喜んでいたのですが、

「手手、美しおすな」

繰り返し言われれば「何でこないに褒める?」と、気になります。

朝六時からの乳搾りは、大学生の義弟の仕事と決まっていて、乳搾りしてから大学に行っていました。乳を搾り終えた頃、私が行って搾乳した生乳を収集する人が来るまでに

攪拌機《かくはんき》にかけるのです。生乳をはやく冷やすためのこれが、私の朝一の仕事でした。

「あんたの手手、美しはんな」

ハッとしました。私に乳牛の乳を搾れという意味なのか？

「あんたの、柔らかい美しい手手で乳搾ったら、牛が喜んで乳がよう出ますやろ？」

と、そういう意味なのかと思いあたりました。攪拌の仕事プラス乳搾りをしたら、義弟が助かるということでしょう。幾日《いくにち》も「手手、美し」と言うのは、「牛の乳搾りをしてほしい」という意味でした。

直接「ああせい、こうせい」とは一言も言わない誘導だと感じました。まあ、私もそれならば、と一回は挑戦しました。

しかし、いくら「美しい手手」でも、いつもの手と違う感覚だったからでしょう。思いっきり牛に蹴られました。

「私は、よう搾りません！」

と、宣言して乳搾りは一回でやめました。

牛のあれこれ

牛が乳房炎になった時のことです。
乳房がカンカンに腫れて、そうしたら、もう乳牛の価値なしとされ殺されてしまうのです。

昼頃、食肉解体場へ向かう自動車が来ても、牛は賢く、牛舎から引っ張っても出ていかないし足場を拵えても絶対登らないのです。牛の「もーもー」と鳴く声は、まるで「いややや」と言っているようでした。忘れられません。

牛のお産にも立ち会いました。仔牛を引っ張り出してから、クニャクニャの後産《あとざん》はすぐに取り去らなければいけません。牛に食べさせたらいけないのです。食べさせると、そのあと、餌を食べなくなり、乳の出が悪くなってしまうからです。それから、母牛にはビールを飲ませるのです。これも産後の回復のためです。

本当は、獣医がそこまでしてくれるはずなのに、終わった頃に来て、
「田守さんとこで、昼ご飯いただきますねん」
と、のんびりしたものです。ご飯を召し上がるのは良いのですが、大変なお産の時に来てほしかった、と、複雑な思いでした。

たくさんの人が出入りをする田守の家には、これは獣医さんの御膳、これは働きに来てくれる人の御膳、等々、御汁《おつゆ》から御膳から、決まったものがありました。

「明日は誰それが来はるから、それ用のお膳出して」

と、そんなことはしょっちゅうで、指定のがあるから、洗ったらおしまい、というわけでもなく、

「もう、ややこしいな」

何と悠長な家なのかと、その頃は思っていました。

姑のこと

結構なお姑さん
「ああ、今日は楽だすわ」

その日、姑の朝からの第一声でした。

どこか身体の具合が悪くて、今日はそれが楽だと言う意味なのかと思い、

「何が楽ですのん？」

と、私は姑に聞きましたが、姑の「楽」の意味は、そのことではありませんでした。神戸新聞と朝日新聞、一日かけて全部「お読み」になるのが姑の日課でした。唯一の「仕事」といえるでしょう。

姑からは、毎日「ニクソンさん、チャーチルさん」そんな言葉ばかりが飛び出します。ところが、その日は新聞の休刊日。なので仕事がない。だから楽だとそういうことだったのです。

私は、朝から一日中家事に追われ、当時病気だった夫の世話で忙しいのに。「結構なお姑さんや」と、思った出来事でした。

姑は、明治二十六年、堺市の豪農の下に生まれました。東京女子大学の五回生。今からは考えられないほど、女性の就学率が低かった時代に大卒でした。父親に連れられ大阪の港から、ふた晩かかって東京へ行き、入学したそうです。

頭脳明晰で、

「私は歩く百科事典とあだ名がついていましたんや」

と言っていました。英語も堪能で、子供の英語の宿題を、

「私が、訳しましょか?」

などと、さらりと言いなさる。しかし家事は何もなさいません。

豪農の元に生まれ、身の回りの世話をしてくれる男衆《おとこし》、女衆《おんなし》が二十人いたとか、千石の米蔵があったとか、その蔵には、守り神の白い蛇がいたとか……。様々な逸話があるのですが、当時のお金で三万円もの持参金を持って嫁いできたというのです。当時の一円は、今のお金に換算すると一万円とか二万円相当になるというので……本当に途方もない大金です。

そんな生まれ育ちの姑は、何もかもやってもらうのが当たり前で、家事をする必要がなかったのです。


戦後、マッカーサー率いるGHQの農地解放政策で、何もかも変わりました。地主と小作人という封建的な関係から、田畑は、それぞれの所有するところとなりました。

嫁ぎ先の村の人が、使用人のように、家事もやってくれていた時代は終わり、田守の家といえど、家事はしなければならなくなったのです。しかし長年の習慣を変えることはせず、姑は家事をすることは一切なかったのです。そんな時に私が嫁入りしてきたのです。

姑は、家事その他で忙しく立ち働く私に、

「パニックって何語かご存じでっか？」

「市販の目薬は蒸留水に食塩を混ぜたもの」

牛乳が古くなってモロモロになったものを、

「そら、タンパク質が分離したカルピスの原理でっせ」

などと、自由奔放な言動を繰り返しました。

お釈迦様の誕生日「花祭り」に、「しきみ」と「赤花」を長い竹にさしてお奉《まつ》りしていましたら、

「家《うち》の仏《ほとけ》さん、赤花は土手のを自由に見てもらいますわ。花刈ったら、すぐに枯れてしまうし、来年美しい花が咲きまへんで」

と、とにかく、合理的なのか怠け者なのか……。

「ハイカラ」で、科学的だか何だかな、浮世離れした人だったということは、分かっていただけるでしょう。

嫁入りの日の夜、祝宴の客が深夜まで帰らなかった時、姑が私にお風呂を勧めてくれたことで、良い意味で姑への思惑が変わったと書きましたが、のちにこれも、

「一番風呂は身体に悪うおす。一番風呂に入る者は、アホか旦那といいますのやで」

と、聞かされたというオチがありました。

太田道灌と吉田御殿とラジオ放送

ある時、私が生け花をしているところに姑がやってきまして、こう言いました。

「あんたのな、生け花も美しやすけどな、この景色よろしおすな」

廊下の窓越しに見える風景が生け花の借景になっていて、素晴らしかったのです。

「そうだ、武蔵野、どないなってますやろ？　太田道灌の碑がおましてな。その横にな、東大があってね。そのこっちにな、吉田御殿がありますのやで」

目の前の花や借景から、見たこともない東京の話の始まりです。

「ちょうど、私が夏休みでな。汽車で帰ってくる時、一銭出したら赤帽が、しっかりと私を愛想《あいそ》してくれましたわ」

姑のこの話は自慢などのつもりはないのです。ただ昔の女子大に通っていた時のことを語っているだけ……。姑の体験話は、私が望んでもできなかった夢の中の話のようで、

「ああ、この人は本当に苦労一つせず、そんな世界にいたのだ」

と、羨望や憧れの入り交じった様々を感じたのでした。

篠山の実家から母が訪ねてきた時に、姑は顔も出さずに障子の向こうから言いました。

「今、大事なラジオさん聴いてまんねん。あとで聴き直しできまへんさかいな。しばらく

お待ちになっておくんなはれ」

ラジオは「国会討論会」で、いつまで待てば良いのかすら分かりません。その言葉に、母は上がり框《かまち》で待っています。私が奥で寛ぐように勧めても、

「お義母さんに挨拶せずには行かれない」

と、母は動きません。ラジオを聴き終わった姑は、ボチボチと出てきて、

「あら、丹波のお母さんだっか。お久しゅうございまして、お元気でございますか？　どうぞゆっくりしなはって」

ラジオを理由で来客を待たせたのにこれでおしまいです。知識欲優先で自分本位で、理解に苦しむ言動でした。しかし、この姑の行動も悪気はないのです。なので腹を立てても仕方がありませんでした。

メイドインジャパン

昭和も中頃になりますと、食卓は、テーブルに椅子の家庭も増えてきました。しかし姑は使いません。一人用の銘銘膳《めいめいぜん》で、もちろんお箸で食事をし、

「メイドインジャパンの商品が、世界中に並ばなかったら、日本の国の産業は本物ではないですわ」

と、昔ながらの伝統は変えずに「ハイカラ」な言葉でメイドインジャパンを語る。姑らしいエピソードです。

今日はありがとうで過ごす

姑に見習うこともありました。ある日いきなり、

「今日はこれで、いきまんねん。『ありがとう』」

その日一日中を「ありがとう」で過ごすと言うのです。

これは「格好良い」と思いました。すべてのことに感謝して、日々を過ごすのは本当に大切です。

ワンダフル

洗濯は洗濯板で、という時代から、当時、最先端の洗濯機が開発されましたが、まだ一般には、高嶺の花という時代でした。

そんな中、洗濯機普及の先駆けとして、花王で洗濯機用の新しい洗濯石鹸の名称が募集されました。それで姑の考えた「ワンダフル」が、見事採用されて、その洗剤の「名付け親」になったのです。実はこの話にはさらに後日談があるのですが、それはのちほど……。

姑の存在がワンダフルだったということでしょう。

舅のこと

田守家の誓約書

舅は、相野《あいの》、当時の藍村の平野農場が一度破産した時に、再建に尽力した人です。村長をしていて人望も厚く、ハンサムな人でしたが、家ではなかなか厳しく、「外では仏、家では鬼」と、田守の家の者は言っておりました。

私は舅に嫁入りの際、誓約書を書かされました。

「田守家に嫁いだからには、夫をよく支え、両親に最もよく支え、田守家繁栄のために尽くします……」

という内容のものです。事あるごと、私が何か言う前に咳払いをしてその誓約書を懐からチラチラとさせるのです。そのたびに私がどんな思いをしたのかは口では言いあらわせません。

夜汽車で東京へ

相野にあります湊川短期大学は、神戸の大空襲で焼けてしまった湊川学園湊川高等女学校を復活させたものです。

当時の藍村村長であった舅、田守茂と、学園の創始者の幸田たま先生のふたりが文部省に掛け合い、昭和二十七（一九五二）年に湊川家政短期大学としての認可を実現させたのです。何度も東京に陳情に向かうため、夜汽車に毛布と折り畳み椅子を持参して出かけていきました。二人分の握り飯を毎回、私が作りました。

努力のかいあって、地元に短大ができたことは今でも地域の誇りです。

池にはまってこい

私は姑の言動に随分と振り回されましたが、舅もよく腹を立てておりました。

「お前！　仕事もしくさらんと、飯食ろうて、何偉そうに言うとんねん。そない要らんこと言うな！　裏の池はまってこい！」

家の裏に大きな池があるのです。

「まあ、あんた、裏の池、今、寒おっせ、冷たあすでー、あんた先、お入りやしてな。よろしあしたら、私、あとから入らせてもらいまっさー」

と、姑はこんな感じなので姑と舅はケンカにもなりませんでした。姑のこのスルー力は凄いです。

夫とのケンカで、私も何度か裏の池に向かったことがあります。腹が立って裸足《はだし》で飛び出ていって、だからといって本当に池にはまるわけにはいかず帰ってきました。裸足で出たばっかりに足の裏が痛い……。行きは必死で痛みを感じなかったのです。帰ってきた時、夫は高鼾《たかいびき》で寝ていました。腹立ち紛れに布団を少し蹴ってやりましたら、

「あんた、帰ってきたんか。私、何もあんたに出て行け言うとらへんさかいな。帰ってきたら良かった」

夫はこう言いました。私だけ腹を立てて、アホみたいです。姑のスルー力を見習わなければと思いましたが、なかなか私はそうはなれませんでした。

夫のこと

野性美が魅力

夫は、私のことを「野性美だ」と、よく言っていました。

「そこが魅力や」

と、言っていましたし、言い方からも良い意味だったと感じましたが、どうでしょう？飾り気のない自然な美しさ、ということだったと考えて、怒ったりはしませんでした。半分くらい「何、言うているんだ？」とも思いましたが……。夫本人は、お上品で育ちが良い人、と、いうことだったのでしょう。新聞紙に私の足が触れただけで、

「新聞を踏むなど行儀が悪い」

と、言われました。

「そんな、踏んでへんやん。足先が触れただけや」

「お茶の先生なのに」

そう、たしなめられました。それは、ごもっともです。気をつけなければいけません。

私が色々と人の世話をやくことには、

「あんたは偉いな。私はそれだけのことはようできん」

と、褒めてくれていました。夫との会話は、世間一般の夫婦の会話とは少し違っていたかもしれません。

基本的に一人が好きで、本ばかり読んでいました。旅行に行っても本を読む。という徹底ぶりでした。

小学校教諭として出会いましたので、背広にズボンのモダンな姿しか知りませんでした

が、家ではいつも着物で過ごす旦那様でした。朝起きて、着物に着替え食事をして、背広に着替えて学校に行く。帰ってきたらまた着物、農作業等の時にはさっと野良着に着替えてと、いちいち着替えるのは面倒ではないのか？　と、私などは思いましたけれど……。いつも着ているので着物の帯は二年くらいでワカメのようになって、仕立て直しもやりましたが大変でした。

嫁ではなく看護師

結婚からわずか三か月後のこと、私は奈落の底に突き落とされました。夫が脊椎《せきつい》カリエスという病気になったのです。

結婚前から夫の体調がすぐれないことはあったのですが、神経痛だとか貧血だとか言っていました。貧血ならば私が色々食べさせて治してみせる。それくらいのつもりでした。

それがある日、お尻の膨らみ部分が酷く腫れてしまって、腫れているのに痛みがないのです。おかしいと思い、私は本で調べました。

「膿んでいる、腫れている、痛みがない」

それで、「脊椎カリエス」ではないか？　と疑いました。

脊椎カリエスは、結核菌が脊椎に感染した病です。結核菌が体内に入って骨を食うのです。夫は背骨からお尻辺りに症状が現れました。その頃、小学校で結核の集団感染がありました。小学校教諭の夫も、おそらくそこで感染したのです。

「はい、カリエスです」

医者の診断は、予測通りでしたが、ショックでした。

「十年間寝なさい。板の上で寝なさい。それしか治療法はありません」

医者の言葉はこれでおしまいでした。カリエスはその当時、不治の病でした。

帰りにバス停で母と私が泣いていると、

「どないなさったんですか?」

と、男性から声をかけられました。

「この子がね。実は……」

母が説明すると、

「私の家内もカリエスになりまして、今やっと部屋の中を伝い歩きをできるようになりましたで、だから奥さん辛抱してください。十年したら治ります」

そう、言われました。十年、やはり十年。医者も十年と言いました。

家に帰ると夫はすぐに、

「お母さん、すいません、今日限り私、責任持てませんので、榮子を連れて帰ってください」

そう、言いました。

「そんなことをしたら、病気の身体で何もできないのにどうするのですか？」

「私のことは気にしないでください。自分のことは自分で考えます」

母と夫の会話は続き、母は、

「榮ちゃん、どないする？」

こう、私に聞いたのです。どないする？　も、こないする？　もありません。二人の会話の間に私は考え、答えました。

「今日から私は、結婚したと思わないで、十年間、看護師になったつもりで努めます」

私はその時、数えで二十三歳。嫁に来て三か月でしたが、医者から言われた十年を愛する夫のために尽くそうと思ったのでした。

「それで解決や。すべて解決や」

そう、私はその時、心から思ったのです。ですが辛いこと、しんどいことの我慢も、三日や十日は続きます。でも長期に亘れば色々と出てくるのです。

七月一日から、田守教諭は休職。家の中での療養が始まりました。

具体的に説明しますと、夫の身体の肩から臀部までを型取りをした厚さ七センチの石膏の中に入ったまま、寝たきりになるのです。夫は復職を目指して頑張っていましたが、これは想像以上に過酷なことでした。看護する私も、本当に辛い日々でした。夫は動けないので、何か楽しもうにもできることは限られています。花札で花合わせのゲームを毎日しました。十六日、夫の給料日のみの外出。これが私の唯一の楽しみでした。

結核菌に打ち勝つには換気と開放が良いと言われたので、冬でも窓を開け放し、吐いた息が口元で凍りつくこともありました。とにかく栄養を摂って免疫力を上げなければと、カシワのキモと牛肉を、「もう飽きた。いやや食べたくない」と、夫が言うくらい毎日食べさせました。

母と姑

「これ、食べさしよ」

と、母は夫に栄養のあるものをと、オカズを持って篠山から来てくれたものです。舅や姑に見られると、私が責められるかもしれないと気遣って、顔を隠すほっかむりをして、裏の大きな池の方から遠回りして、帰る時も、

「家の前に舅さんおってないか、ちょっと見てんか?」

と、そんなふうにこっそりと通ってくれました。

母と対照的だった姑は、自分の息子が病気になったのに、

「まあ、そうだんな、しっかりと決まったことを養生せないけまへんな」

と、言っただけでした。自宅の療養中に、見舞うこともせず、看病を一手に引き受けている私に労いの言葉もありませんでした。

「あんた、えらい目にあわしますな」

くらいの言葉はあっても良さそうですが、そんな言葉も一度としてありませんでした。

役に立った洋裁学校

十年という医者の見立てより早く、幸いなことに三年で夫は治りました。教え子も見舞いに訪ねてきてくれたりと、復職への励みや意気込みが病に打ち勝ったのでしょう。

三年寝たきりと治療の副作用で、夫は太り、大きなサイズのワイシャツが必要になりました。当時そのサイズの商品は売っていなかったのです。私の洋裁学校に通った経験が生きました。ワイシャツはもちろん、パンツも肌着も作りました。ベルトはデパートで作ると一万円かかるところ、材料費は百円で作れました。さすがに背広と靴はあつらえました

が……。三年寝ていると、足の裏に肉がつき、靴のサイズまで変わるのです。

その後の子供の洋服も、幼稚園から小学校まで私が手作りしました。本当に身につけたことは役に立つものです。

折れ線グラフ

夫がカリエスになってから、私は自分の身体を十年間、点検すると決めました。

毎朝六時に起きて、舌下に体温計を差し込み体温を測ります。子宝に恵まれることを願っての検温で、排卵日を調べるのです。夫は病床の身、できるわけはないのですが、それでも続けて折れ線グラフにしました。

「こんなことしても無駄なだけや」

と、悔しくて、何度、体温計を投げて壊したことか……。当時の体温計は水銀製なので、割れた体温計から漏れた水銀が小さな球状になり、畳にコロコロと転がりました。水銀は有害なので新聞紙に受けて処分して、薬局で新しいものを買ってきて、の繰り返しでした。

幸いなことに三年で夫は治りましたので、そこで私の努力も報われました。

生涯二戦二勝

それにしても一回で子供ができたのは我ながら凄いと思います。研究して研究しての夫婦生活、子供を産むため、ばっちりの技術です。本当に子供二人、その二回だけ。面白おかしく語っていますが私は必死でした。

昭和三十一（一九五六）年九月二十五日長男誕生。

昭和三十四（一九五九）年九月十五日次男誕生。

妊娠した時の日記は「〇日に着床、妊娠しました」から始まっています。子供のことを日記につける人は他にもいますが、普通の親の日記と少し違うのは、生まれた日からではなく着床の日付から始まっている……というところです。

息子たちが二十歳になった時に、

「でき上がったのが、この『しなもの』や、これから責任持って生きなはれ」

そう言ってその日記を渡しました。

大事な息子を「しなもの」と言ったのは、もちろん愛情と照れ隠しからです。

出産の話

当時は出産も自宅でするのが普通でした。

今も昔も出産は大変です。私も一人目は本当に大変な思いをして産みました。楽しみにしていた妊娠期間からの出産でしたが、なかなか出てきてくれず、もう気張り過ぎて、いきみ過ぎて、産後、箸やスプーンすら持てなかったくらいです。

「何でこんなに手が痛いのか？」

そう思いましたが、手を握り過ぎて内出血をしていたのです。

「お母ちゃんの手も見てみいや。榮ちゃんが握りしめてたから」

付き添ってくれていた母の手首も真っ青に内出血していました。

子供の頭が途中で引っかかってしまい、産婆さんが、とても気を使いましたと言っていました。一晩中かかってしまったので、産後は寝返りも打てない状態でした。

我が子にお乳をあげようにも起き上がれないので、子供を胸に被せるように抱いて、それなのに、子供は泣いて泣いて丸二日……。こんなに泣かれたら悲しい、と、私の方が泣き出したいほどでした。あとから分かったのですが、母乳が上手く出ていなかったのです。

初めての私は、そのことに気づけず、子供はひもじくて泣いていたのです。

そのあとも母乳の出が良くなかったので、米をすり潰したものを炊いて与えていましたが、上の子下の子共々、息子たちは立派に育ちました。

出産の次の日からは、産後見舞いに村の人たちが訪れてくれました。

「おかげさまで安産で、ありがとうございます」

と、付き添ってくれた母は言うのです。

出産を経験した女性には分かっていただけると思いますが、死ぬかと思うほどの思いをしての出産と、産後のボロボロの体調のところに「安産」という言葉を使われるのは、どうかと思います。

「お母ちゃん、よう言うわ、どこが安産や」

そう私が言うと、

「何を言うてる、家でな、どんな状況にしろ無事に生まれたら、それは『安産』や」

お医者さんに来てもらわず病院にも行かず産婆さんだけで生まれたら、それは安産のうちであると……。

「桊ちゃん、『安産』とは『母子共に、とりあえず無事に生きている』ってことやよ」

と、母に諭されましたが、その時は本当に理不尽に感じました。

「二人目の子の時は産道ができている」などと言われるのですが、ポンとすんなりの出産でした。夫が出勤の準備をしていた時で、

「あ、エライこっちゃ、産婆さん間に合わへん」

と、慌てるほど、本当にあっという間でした。

「太いうどんがボーンと出たようだ」

と、思いました。

「もう気張らんで、よろしいの？」

「はい、後産も、もう皆出ました」

駆けつけた産婆さんと、そんな会話をする余裕すらありました。

当時は、今と違って産むまで男か女か分かりません。一人目が男の子なので、二人目は女の子なのか？　などと考えていましたが、二人目も元気な男の子でした。

カリエスの再発

夫が小学校教諭に復職し、神戸市の教頭になった二年後。校長になる話が進んでいる時のことでした。

予感はあったのです。前回のカリエスが自然治癒なので、過労になれば再発するのでは

ないかと心配していたのです。しかし、一度目の発病の時のような絶望的な不治の病という時代ではもうありませんでした。ストレプトマイシンという新しい治療薬や、手術という選択肢もできていて、夫は手術をする方法をとることになりました。

「ああ、私の身体と替えられるなら替えたい」

と、母は泣き、

「今の時代だすさかいな、一刻も早く病院に入院させて手術さす、それが先決ですわ。手術したら一年で治りますわ」

と、姑は二度目の発病でも、やっぱり、「あんたに迷惑かけますな」とは、一度も言わなかったです。

嵐の中の手術

悪名高いジェーン台風の再来かといわれた台風が迫る中、夫の手術が始まりました。手術は十時間かかりました。舅と母が来てくれましたが、台風接近のため、四時頃に帰り、私が病院に一人残る中、手術は六時頃までかかり無事に終わりました。手術後は、

「完全看護だからお帰りください」

と、言われ、私は夫のそばに居たかったのですが、辛いけれど病院をあとにしました。

どんどん雨風は強まり、駅は水浸しで汽車は不通、三田の駅から歩いて帰りました。十キロほどの道のりを雨風の中、やっとの思いで家に帰り着き、夫の手術の報告をしようと思ったら、姑は、何とグースカと寝ているのです。台風の中、自分の息子が大変な手術をしたというのにです。

「お義母さん、お義母さん」

私が起こしても姑は寝ています。舅は水浸しの畳を上げていました。昔の瓦で隙間から雨が入り、家の中で傘を差すくらい雨漏りをしている場所もありました。

次男は幼稚園生で、雨が家の中に降ってバケツやらタライやらに溜まった水にお尻を突っ込んで、キャッキャキャッキャと喜んでいました。長男は小学三年生、次男が水遊びして「辺りに水こぼすのがかなわん」と言っていました。そんな中なのに、姑は起きないのです。私は、夫への心配と起きない姑への悔しさで泣きました。

「お母ちゃん、悲しいの？　そんな悲しいなら毎日病院行ったら？」

「うん、行く」

息子の言葉に私は泣きながら返事をしました。

「僕はな、お父ちゃん毎日『宿直』やと思ってんねん」

その当時、小学校の男性教師には宿直という泊まりの仕事がありました。

「お母ちゃんも、そう思ったら？」

そう言ってくれました。

「そしたら悲しないで？　悲しかったら毎日行ったらええんや」

「ああ、この子は私にこないなことを教えてくれる」

忘れません。小学校三年生の上の子の言葉……。

下の子は優しい子で、私が夫が居ないので寂しがっているのだろうと、入院している夫に、

「お父ちゃん、帰ろう、帰ろう」

と、そればかり。まだ幼くて、よく分かっていなかったのかもしれません。

バックミラーと交換日記

夫の入院した結核病棟は六人部屋でした。

私はそこで有名だったらしいです。一番扉のそばのベッドの人が、病室に車のバックミラーを付け、廊下の様子を見ていて、

「あ、田守さんとこの奥さん来よる」

と、報告して病室中でワイワイと騒ぎになったりしていました。病室の人たちは何年も

寝ているけれど、皆、骨が悪いだけで、そのほかは元気なのです。

「病院って何て楽しい所やろ」

とすら私は思っていました。

「いつも来てくれて嬉しいが、他の五人は一年入院していても誰も来ない。その人たちに気兼ねします。なので来てくれるのは嬉しいけど、少し間をおいてください」

夫にそう言われました。

「部屋に他人がいるので言いたいことも言えない」

と、連絡帳を作って、伝えたいことを書いて渡し、帰るまでに夫が返事を書いてくれる。そういうことにしました。

二人の子供のことやら何やらで色々揉めて辛かった時、

「私は、今日限り離婚します」

と、連絡帳に書いて渡しました。夫からは、

「我無能為力《ウォウンノーエイリー》」

そう返信が書いてあったのです。私には意味が分かりません。

「何のこっちゃ」

と、聞きましたら、

「これは中国語です」

と、夫は言うのです。

夫は戦時中、兵隊で中国に行ったことがあるので少し中国語が話せたのです。

「我無能為力（私には、今、何もできない）」

と、いう意味の中国語の返信で誤魔化したのです。

「けしからんやっちゃ！」

と、思いましたけれど……。夫は夫で複雑な胸中あっての行動だったのだと理解できました。

そんなこともありながら、早く歩きたいとの強い思いで夫は一年で退院することができました。

農業の話

レンゲの花

広い広い大きな田んぼ。一面に咲くレンゲの花。

私はそのレンゲをひたすら刈り取っていました。刈っても刈ってもレンゲの花。

「ああ、私は何でこんな所に来とるんやろ」

大きな田んぼに大の字になって、青空を眺めました。空を見てはため息。後ろ見てはため息。遥か彼方まで続くレンゲの花……。レンゲの花粉で、顔も鼻の穴の中まで真っ黒になりました。

「こんなレンゲいやや。お義父さん、もう来年からレンゲやめてください」

私は舅に、そう訴えたのですが、それは叶わない願いでした。

レンゲを田んぼに生やすのは意味があったのです。レンゲは、根っこにいるバクテリアが肥料になる成分を作り出すため、田んぼに欠かせない花なのです。それから、乳牛を飼っていた田守の家では、乳牛に良い餌を食べさせなければいけません。お乳の質に関わるからです。レンゲを食べさせると、乳にレンゲの香りが移り、色は薄いグリーンになるのです。それは上等な牛の乳の証です。その後、工場で他の乳牛のものと一緒に加工されると、一般的によく見る白い牛乳になるのですが……。

レンゲを牛が食べ、糞をする。それを田んぼに撒くと、次の年も田んぼにレンゲが生える。そういうサイクルになっているのです。

「いっぺん撒いたら毎年生えるんや」

と、舅が言いました。成るほど、来年からレンゲをやめてくれと言っても叶わないわけです。

春になると、人はレンゲ祭り、レンゲ狩りと騒ぎますが、どれほど美しくとも、私はレンゲの花が咲くのを見ると、あの頃の辛かったことを思い出して、今でも涙が出るのです。

自分で決めた農業の道

私は嫁に来て教師を辞め、家事と農業に専念する日々を送っていました。

そんな頃、私が田んぼにいた所に夫が自転車で帰ってきました。雨の日だったので、私はミノガサにカカシのような野良着を着ていました。その姿で夫に会うのが恥ずかしくて、慌てて脱いで手に持ちました。

「あんた、そんな脱いだら濡れるやないか」

夫が私を心配して、そう言ってくれたのは分かったのですが、

「何言うてる。あんたに、こんな格好を見せるのが辛いから脱いだんや」

嫁入り前は、実家で手伝いくらいしかしたことがありませんでした。

「学校の先生してた時は、良かった」

と、正直思わなかったといえば嘘になります。夫も私に、小学校教諭を辞めろとは言わなかったのです。

私が自分で考えて決めたことです。

「家事と農業をする」

こう、決意したからこそ、この先の人生で、私の歩むべき道、為すべきことが示されたのですが、ミノガサ姿を夫に見せることに涙した、その頃の私には、まだ知る由もないことでした。

農協に入った経緯

嫁入りしてすぐのことです。外出用の白足袋を履いた姑に、

「ちょっと行きまひょうか?」

と、公会堂に連れていかれました。その日、その公会堂では「農協婦人部」の会合が開かれていました。

終戦後、マッカーサー率いるGHQが、日本の民主化の政策の一貫として農地解放を行いましたことには先でも少し触れましたが、同時期、特に農村では、

「女性の地位が低く遅れているから『農協婦人部』を作りなさい」

と、指令が出たのです。

姑は、戦前戦中は村中の人に助けてもらえる、何もしなくても良い状況でしたし、私も嫁入りの前は小学校教諭として三月二十日まで学校にいましたから、農協婦人部の活動は初めてのことでした。

「ほな、よろしく」

と、姑は丸投げしたため、私は田守家で初めて農協婦人部に入ったのです。


その日決まったことは、村の中に他所《よそ》の人の田んぼが六反ほどあり、

「その田植えを引き受けたら工賃が出るのだが、どうするか？」

という内容で、これは集落の毎年の行事だったのです。

「反対の意見の人は明日の朝までに会長宅に申し出なさい」

と、言われ、私は田植えをしたことがなかったので帰って姑に相談しました。

「お義母さん、どうしましょう？」

「あんたようできまへんやろ。断ったらどうだす？」

翌日の朝、会長の所に断りに行きました。

「田守の榮子さん断りに来よった」

と、村中から言われました。

「榮子さん、会長に何て言うたの？」

「田植えに反対だったら言ってくるように言われて、私は田植えをやったことないし、お義母さんに相談したら断ってきなさいって……」

でも、それが駄目だと言われたのです。そこからが、勉強の第一歩でした。

「意見、言うたらいかんのか？　言うてこいということは、あかん言うことか？」

言葉の表裏、それだけではありません。暗黙の了解があること、嫁入りしてきた新参者の自分のこと、女性であること、様々なことが複雑に関係していて考えなくてはいけない、ということだったのです。

初めての田植え

そんなことがあり、初めて田植えをしました。

村中の人たち大勢で行うのですが、一人の受け持ち範囲があり、枠を持って後ろに下がっていくのです。稲は皆、揃って植わっていくのですが、私のだけが不揃いで、

「榮子さんのはオハラ流や」

私が教えていた生け花の「小原流」に揶揄《やゆ》して、そんなふうに言われました。これはな

かなか難しい、と苦慮しましたが、三日もしたら何とか慣れてきて、植えた稲が、シュッと立つようになったのです。

田植え中に、さっとオシッコしてる人もいます。立ってサッサッと足でチョイチョイです。何でも手早くしなければいけませんから、当時の農業者は強心臓でした。

何もかも初めてで、他にも色々なことを教わりました。

土手にピンク色の綺麗な花が咲いていたので、切花に持って帰ったら、

「榮子さん、そんなん持って帰ったらあかん」

それは何と、間引きした煙草の花でした。ニコチンが水にとけたら危ないのです。

「榮子さん、よう草引きしよる」

嫌いだった草引きも、そう褒められるようになっていきました。

「夏の草、冬の草、どう違う?」

色も形も違うのです。

「祭りの太鼓を聞いたら種蒔き、せえ」

本当にすべて教えてもらったのです。

そんな中考えました。

「農業とは、何ぞや?」

地位向上を目指して農協婦人部ができても、

「農業婦人は惨めや」

そう口にする人は、相変わらず多かったのです。

私にできることは何だろう？　と、考え始めたのは既にこの頃だったかもしれません。

農協に入って初めての総会

農協の総会に初めて行った時のことです。

会長や役員を決める総会で、私は発言のために手を挙げました。

「女性にも選挙権ができたのですから、会長選出も選挙にしたらどうですか？」

戦後の昭和二十（一九四五）年十二月に選挙法が改正され、翌年、昭和二十一（一九四六）年の四月の衆議院選挙で初めて女性が選挙に参加したのです。

またもや村中で大騒ぎになりました。

と言うのも、既に会長や役員は内定しているのが常だったのを、私が選挙になどと言ったからです。

「時間を頂きます」

と、なりました。その晩、舅に怒られました。舅は総会に所用で出ていなかったので村の人から言われ知ったからです。

「お前、今日、何言うた？」

「これこれ、こう言いました」

舅は全く別の話を聞いていたようでした。

「これから先の勉強のためにも選挙にしたらどうですか？」

子供ですら学校で、委員長やらクラス委員やらを決めるため、自分で政権の考えを言って選挙する……。当たり前のことですが、その当たり前が通らないのならば、声をあげていかなくてはと、のちの私の「男女参画運動」に繋がる最初の一歩でした。

オイルショックパニック

高度経済成長時代といわれ、日本が急速な発展をとげていた頃のことです。

昭和四十八（一九七三）年十月の第四次中東戦争がきっかけで、原油の値段が四倍に高騰し、輸入原油に頼っていた日本もその煽りを受けて大変なことになりました。世に言うオイルショックです。

トイレットペーパーの買占め騒動が起きて人々はパニックに陥りました。そんな中、姑が、

「あんた、パニックって何語かご存じだっか?」

と、聞いてきました。私もその頃になると色々と学習して姑への対応も慣れたものでした。

「お義母さん、私な、今帰ってきたところです。勘弁してください」

そう言って、話を一旦切りました。辞典で調べて、東大出の知り合いにも聞きました。

「あんた、東大出やな? パニックって、何語やご存じ? アメリカ? 違う?」

聞いた人たちは、皆アメリカだ英語だと言いましたが……。何とギリシャ語でした。それを頭に入れてから、改めて姑に話をしました。

「お義母さん、このあいだ、何や、パニックがどうのこうの言うとったの、あれ何でしたん?」

「あれだっか、あんたな、お夕飯の支度でな、ご機嫌悪うなりましたさかい、私、話とめましてん」

話をとめたのは私ですが……。

「パニックが何語やご存じだっか? 言いました。ギリシャ語ちゃいまんのん?」

私の答えに姑は感心し、言いました。

「はあ、あんたやっぱり賢い子あすな」

してやったりでした。

「オイルショックはな、あの程度のことでは日本の産業はへたばりまへんで？　これは物価を上げようと思ってしとることだすさかいな。あんた農協の部長してなはるんやから、率先して反対しなはれや」

私はその頃、三田農協婦人部藍支部の部長をしておりました。

様々思うところの多い姑でしたが、この時は、私のこの先を示してくれる言葉をくれたのです。

トイレットペーパー不足については、農協による生活用品の配達等で支援することができました。

姑は反面教師

私は、時代や父の意向もあり、思い通りの教育を受けられませんでした。

姑は大学を出て知識も豊富だったのに、それを活かしたことをしなかった……。できなかったのかもしれません。

私は姑と出会い、そのことを目の当たりにしたことで、何クソとなったので、姑は「反面教師」といえるでしょう。

「女性が職についたら笑い者になる」

とも姑は言っていました。姑から見たら、私は働き詰めのつまらない女性かもしれません。

働いて、働いて……。

「しゃーないがな」

と、そういうふうにずっと生きてきて、これからもそうすることでしょう。でもそのおかげもあってか、皆に慕われて、大勢の人たちが私の元に寄ってくれる。私は本当に幸せ者です。

田守の両親に感謝を

舅はお金に厳しい人でした。

洋式の台所を作るのを推奨され、助成金が出るのもあり、台所のリフォームを決意しました。当時、洋風の流し台は三田では売っていません。寸法を測って大阪へ買いに行きました。

「お義父さん、ここに、こうこうします」

と言うと、舅は「そうか」と一言でした。舅の了承を得たので、助成金と、私と夫の蓄えに加えて、舅に三十万円ほどですが貸してもらえれば、と考えていました。

私の感覚からすれば、子供のすることにでしたら、

「あんた、お金大丈夫か？　いくらいるの？」

などと聞いてしまうところですが、舅は違ったのです。

「人を当てにして物事をしてもらいたくない」

と、言われました。正直なところ、「貸してくれれば、いつかは倍にして返すのに」などと思わなかったわけではありませんが、今となっては感謝の気持ちです。あの厳しい言葉で自ら切り開く思いが持てて、それを実行する機会を与えてもらった……。この根性は死

ぬまで使える貴重なものです。その時は冷たいと思ったけれども、そういう厳しさを教育することは、今の時代の子供のためにも良いのかもしれません。私はできませんでしたが……。

厳しい舅のことと、姑のこと、どちらも大変でしたが、あとから考えれば、逆境で生きることを糧に、感謝の日々にすることができたのです。

「田守の両親ありがとうございます」

と、心から申し上げます。

舅との別れ

田守の家に古い火鉢があり、ボロボロだったので修理をしました。その時、引き出しの中を整理して確認すると、ハガキや手紙もたくさん入っていました。その中にあった一通のハガキを目にしてしまったのですが、それは姑が大阪へ里帰りした時に舅に宛てたものでした。

「早く会いたい、帰りたいです。貴方様の所に帰りたい」

姑と舅が仲睦まじく過ごしているのを見たことがなかったので、

「そんな時もあったんか」

と、驚きました。


舅が胃癌になり入院しました。

姑には胃潰瘍だと言っていたのですが、もういよいよ駄目だという時に本当のことを明かしました。

「お義父さん、帰ってこれんのです」

「ああ、そうだっか、私、分かってました。胃潰瘍にしては長過ぎる。うちの家にそんな癌の話は剣呑剣呑。もうその話よろしやす」

冷たいことを言うものだと私は驚きました。姑は、息子である夫の時と同じく、一度として見舞うことはなかったので舅の姿をあまり目にしていないのに、

「もうエライ顔して、痩せてまっしゃろ?」

そう言っていました。

その後、舅は亡くなり、亡骸《なきがら》が家に帰ってきました。

私の母は、早く夫を亡くしたこともあり泣いて泣いて……。ですが、姑は、泣くどころ

か、舅の「死に顔」を見ることもありませんでした。

当時の柩は、座棺《ざかん》という座った姿で納めるもので、村の人が作ってくれました。

「お義母さん、お義父さんの顔見ないでよろしいの？」

「よろしいやす」

蓋を閉める前の確認にも最後まで、

「よろしやす！」

そう、姑は言ってのけました。

カンカン！　という座棺の蓋に村の人が釘を打つ音が忘れられません。

「田守の奥さんは、旦那さんの顔見ずに葬ってしもた。キツい人や」

村の人たちにも言われました。すると姑は、

「ふーん、そうだっか、そんなふうにしかとれまへんのか？　ところで◯◯さんは、どない言ってました？」

◯◯さんとは、旧制女学校を出た人です。その人も同じ考えだと私が答えると、

「おかしおすな。あの娘《こ》は徳島の女学校出てますねんで？　それなのにそう言いまっか？　ところであんたは、どない思いなはった？」

こう聞かれました。色々と言いたいこともありましたが、その時私は黙っていました。

その後、姑の言動の意味を考えました。ずっとずっと考えて、やっと答えが出ました。


去る五月、舅の入院する日は、私が車を運転して連れて行くことになっていました。舅は日頃から一切姑に相談することなく、大事な送迎なども私にやらせていました。

出発する時、玄関に姑がやってきました。姑が見送りに出てくるなど珍しいことです。

「あんた、行きなはんの？　あんた、行きなはんの？」

顔を出した姑は、舅を見つめていました。

「ああ」

舅は、あっさりと返事を返し、

「あんた行きなはんの？」

そう言って、姑は最後まで舅の姿を見ていました。

舅はハンサムな人でした。出かける時はパリッとモーニング。村では慕われる村長さん……。そんなハンサムな舅の姿のイメージを姑は心に刻み、癌で痩せ衰えた最期の姿は見ずにおこうとしたのかもしれません。

ハイカラだとか合理的だとか浮世離れしただとか、何度も思った姑なりの心の貫き方だったのか？　私なりの結論ですが、そう思うことにしました。

田を守って栄える子

ご存じの通り、私の名前は榮子です。縁あって田守家に嫁ぎ、古杉榮子は、田守榮子になりました。

「田を守って栄える子」

だと自負しております。農協での講演の自己紹介でも、

「農協にぴったりでしょう？」

と挨拶をしております。


女性は男性と同等以上に働いているのに、加えて家事なども全部しなければいけない理不尽な待遇というものを体験したことと、農協婦人部へ参加したことで、農協を通じて女性の権利獲得のために一石を投じたい……。

世界的にもちょうど「男女参画運動」が盛んになった時代、その流れにも私は乗っていき、その後、女性の地位向上のために活動していこうと心に決めて、進みはじめたのです。

第三章　世界へ

市議会議員立候補

「婦人の声で明るい三田……」

をキャッチフレーズに、昭和五十一（一九七六）年十月、四十六歳で三田市の市議会議員に立候補しました。

三か月前から市議会に呼ばれて、「田守を市議会議員に」と、連日遅くまで勉強会に出ていました。出願前日、夫に選挙に出ると言った時、次のように言われました。

「あんたが、そうするということは分かっていた」

私は、直前まで夫には話していなかったのですが、夫は気が付いていたのでした。

「出るなら出たらいい。しかし選挙は負けるということを前提にしなきゃいかん」

夫の言葉に私は、

「出るからには梯子のない屋根に登る覚悟をしなければ」

と覚悟を伝えました。

「私は公務員だから、選挙は一切手伝えません」

とも言われました。

「分かりました。私は選挙に出ると決めたから、後戻りはできません。そのかわり『あんたが選挙に出たからこんなことになった』などとは、言わないでください。私は目的を達成するために突進します」

そう、夫に言ったことを覚えています。


当時の市議会議員選挙は、地元の村の推薦があって出ると言うのが恒例だったようです。私は市議会から出馬の勧めがあって、それから村に相談しました。別に違反でもないことですし、それで良いとその時は思っていたのですが、村の人たちからすれば「筋が違う」と思われたのでしょう。

「他所《よそ》の推薦があるなら」

と、いう声に複雑な思いも含まれていたのかもしれません。

私は朝五時には家を出て、車の運転も一人でして……もちろん家で子供のこともしなければいけません。朝八時になったら街頭に立ちました。駅前の良い場所取りなどできない状況でしたが、夜八時まで街頭演説、それから個人演説会を一つ二つ回って、事務所に帰ってくるのは十一時頃という日々でした。

その後、新聞に「田守、当選確実」などと掲載されると、様々な思惑にも翻弄されて……。更には流言飛語《りゅうげんひご》も飛び交いました。

投票が締め切られ、開票が進む中、私は礼服を着て準備をしていましたが……結果は「七票足らず」で落選しました。

すぐに普段着に着替え、「ご迷惑をおかけしました」と、村の方々に挨拶をしました。「田守は涙もろい女」といわれる私ですが、その時は涙一つ出ませんでした。

選挙ポスター二千枚、市内に貼ってあったものを剝がし撤去するのを、親戚や兄弟息子たちに手伝ってもらいました。ちょうど雨が降り出して、濡れたポスターが象徴的でした。

選挙で負けたあと、息子に「ごめんな」と言ったら、

「ええで！　学校中で、選挙に出るお母ちゃん持ってるのなんて僕だけだ」

と、言ってくれました。その言葉だけでも……と、選挙後、初めて涙が出ました。

さすがの私も疲れ果て、庭に面した部屋で横になって起きられなかったのを覚えています。

「おんなだてらに」という言い方は、今ですら横行していますから、

「おなごが選挙に出て何すんのや」

というのが主流の考え方であったことや、村で影響力のある村長であった舅がもうこの世に居なかったことも敗因でしょう。

選挙は大変なものです。恐ろしいこととすら言ってもいいでしょう。

私は自分の経験から、何の選挙でも立候補した方を見かけたら、尊敬の念を持って労いと応援の言葉をかけることを実行しております。

俳句入選

選挙落選の心の傷の癒しを求めて、阪神地区の俳句の会に入り詠んだ句です。

いも穴に　おろしてありぬ　梯子かな

いも穴とは、昔の家にはよくあった縁の下の貯蔵庫です。亡き舅の姿を重ねました。市議会議員選挙も、村長で村で影響力のあった舅がいれば違った結果になったかもしれない。様々な思惑に翻弄された市議会議員選挙のことを、下ろされた梯子にたとえて詠んだこの俳句は、俳句の会で入選しました。

普通の言葉にはできない、怒りにも似た感情や、やるせない思いを俳句に託し、表現することが癒しに繋がるかもしれないと入会したのですが、入ったばかりなのに入選したことで、嫉妬というマイナスの感情を向けられることになりました。「目立ちい」だと、よく人からも言われますが、私の宿命かもしれません。その後、退会しました。

新たな決意

市議会議員選挙に敗れたその時、

「活動の方向を切り替えよう。全国を目指そう」

そう決意しました。

少し言い方は悪いですが、封建的ともいえる農村の家に嫁いで、マッカーサーの指令で作られた農協婦人部に入り、時代と共に女性の地位向上を目指してきました。

今も昔も、何も変わらないかもしれません。それでもやらなければいけません。

「市議会議員選挙に一人で挑んだのは格好良かった」

と、皆さん言ってくれました。私も自分自身を心の中で褒めながら、その時、既に三田市の農協婦人部の部長だったので、それを足がかりに全国の農協のトップを目指そうと決意したのです。

名称についてですが、当時は「農協婦人部」の「部長」という呼び方でした。あとで語りますが、私が行った改革による名称変更で「婦人部」は「女性会」に、「部長」は「会長」と呼ばれるポジションになりますので、分かりやすくするために、このあとからは会長という役職名で統一して書いていきます。

藍地区会長、三田市会長までは既になっていましたので、次の目標は県の会長です。兵庫県の会長になるためには、九つの支部の会長からなる県の理事になり、会長になる前に副会長を経験する必要がありました。そして、私はやっと兵庫県会長になったのです。その後も全国の会長へは、ひとっ飛びにはいきません。北海道から沖縄まで、五十人の会長の中から七、八人の理事が選ばれます。全国六つのブロックに分かれている中の近畿地区の会長になり、全国理事を経て全国副会長に……。

そして平成八（一九九六）年五月、私はＪＡ全国女性組織協議会（旧農協婦人部）会長になりました。

ちなみに、兵庫県からの会長は、私以後はまだ出ていません。

「市議会議員に立候補し、落選の後にＪＡ全国女性会会長へ」などと一言で語られますが、それは並大抵の苦労ではありませんでした。市議会議員選挙から二十年後のことです。市議会議員どころの話ではありません、ＪＡ女性会会長となった私は、ＪＡ会員三百八十万人のトップになったのです。

そのことの大きな意味を思い知ったのは、ＪＡ女性会の高齢者福祉視察のあとのことです。

北欧の高齢者施設

平成八（一九九六）年九月に、日本に迫り来る高齢社会の対策のため、デンマーク、ノルウェー、スウェーデンを周り、高齢者施設を見学しました。

まず驚いたのは、施設長以下職員が皆女性であるということでした。日本では、そういった施設の施設長は男性で、職員が女性というところがほとんどでしたので、とても進んでいると感じました。

その施設は巨大な円形の建物で、ドーナツ型に居室が取り囲む中央に休憩室があり、そこに入居者は自由に出入りできる構造でした。

個人の部屋には使い慣れた古い箪笥などの家具が並び、各部屋のカーテンの色も個人の好みで全部違うのです。日本の施設は皆同じ色のカーテンなので、個人を重んじた素晴らしいことだと感じました。

驚いたことに「足のエステ」というものがありました。足のエステというものも初めて見ましたし、ご老人がそれを優雅に受けているのには驚きました。

食器や道具、たとえばスプーンなどは、身体の不自由な人でも使い易い作りのもの、今でいう「ユニバーサルデザイン」のありとあらゆるものが当時からありました。

入居者がリハビリを兼ねて世話をする畑や花壇が、車椅子で作業できる高さになっていたのも印象的でした。

入居者の人々の眼差しが違う……日本の三十年は先を行っていると感じました。

小泉厚生大臣に陳情

帰国後、その施設をモデルに日本にも同じような施設を作りたいと、当時の小泉純一郎厚生大臣に「嘆願書」を提出しました。

ＪＡ女性会会長として、ＪＡグループから待ったなしの陳情です。

小泉厚生大臣は、

「田守さん、やりましょう」

と、握手してくれました。そして、

「高齢者への介護制度に関すること」

として、すぐに文書での返答もありました。

その後、国会審議を経て、福祉介護としての新たな公的介護「介護保険制度」が設立されました。

そのあとの様々もありますが、国の大臣を動かし、制度の設立まで持っていけたということは、市議会議員を諦め、ＪＡ全国女性会会長になった私の一つの成果だと考えています。

男女参画運動

男女共同参画社会とは、男女が平等に対等に権利を持ち、責任を担っていく社会のことです。

ですが、男女参画運動は女性の生き方・歩み方などを語る時に使われる言葉でもあります。これは社会が全く平等ではなく、女性の地位が低いため、それを向上させることがその実現に近付くからに他なりません。

私も、元内閣府男女共同参画局長の名取はにわさんや、国連難民高等弁務官を務めた緒方貞子さんらとずっと一緒に頑張ってきました。

男女共同参画社会は「平等・開発・平和」のスローガンのもと、すべての女性が自らの希望を実現し輝くことのできる社会づくりをしていくものです。

世界女性会議

昭和五十（一九七五）年、国連（国際連合）は、女性の地位向上を掲げ「International Women's Year　国際婦人年（国際女性年）」を定めました。

女性が性別によって強いられる家庭や社会における不平等な役割の否定や、男女の平等化を目標に掲げたのです。

同じ年、第一回「世界女性会議」がメキシコのメキシコシティで開かれ、その後一九八一年デンマークのコペンハーゲン、一九八五年ケニアのナイロビ、一九九五年中国の北京等と、四回続きました。

私は、ＪＡ全国女性評議会会長の立場で、日本の代表団の一人として、ケニア、中国で開催された会議に参加しました。

女性の地位向上のための活動の一つです。

山は動かず

「山が動いた」

女性政治家として広く知られている土井たか子さんが使ったことで知られている言葉です。

これは与謝野晶子の詩「そぞろごと」の冒頭「山の動く日来《きた》る」からの引用ですが、ナイロビでの女性会議の時に、代表団の団長だった森山真弓さんが、「山は動く日来る。確かに山は動き始めているのです」と、語った言葉でもあります。

土井たか子さんは、女性活動家の旗印としてその言葉を掲げたのでしょう。

土井たか子さんは神戸生まれで、ほぼ同郷の人でした。私は、「農協のおタカさん」と呼ばれたこともありました。

森山真弓さんは女性初の内閣官房長官で、大相撲の内閣総理大臣杯を土俵に上がって授与しようとしたところ、相撲協会に拒否されたことが話題となった人です。女性差別問題ではないかと議論が起こり、その後の女人禁制の伝統行事のあり方に一石を投じたことで有名です。

二人とも、もう天国に行ってしまいました。


国連の「世界女性会議」は四回で立ち消えてしまいました。

あれから何か変わったでしょうか？

女性が声高に主張だけを繰り返す場面は増えたようにも思いますが、肝心な女性の地位向上が進んでいるとはあまり感じられません。

「何も変わってへんのか？　少しは進んでいるのか？」

今も自問自答が続きます……。

今現在の私の出した結論は、

「山は動かず」

です。残念ながら……。

巧言令色鮮し仁《こうげんれいしょくすくなしじん》

巧言令色鮮し仁。

「巧言」……言葉づかいが巧みなこと。

「令色」……相手に気に入られるようにこびへつらうような顔をすること。

「仁」……他を思いやる心で積む最高の徳のこと。

「巧みな言葉を用い、表情を取りつくろって人に気に入られようとする者には、仁の心が欠けている」

という「孔子」の言葉で、良い意味ではないのですが、私は逆の意味であえて使わせてもらいます。

「巧言、巧みな言葉で令色を使ってでも言いたい事を言わせてもらい、結果が仁になれば良い」

好きなことを言わせてもらう。それくらいの強い気持ちを持たないと日本人は何も言わないのです。

世界女性会議では、発言、質問も当然英語だというマイナスの条件はもちろんありましたが、雰囲気を見ているという感じだったのが悔やまれます。質疑応答に入り、激しい議論が交わされる中、日本の国の代表ですら俯くのです。それが日本人の欠点です。女性は、そういったことを強いられることすらあります。
女性も言わなきゃ損、聞かなきゃ損、損です。

余剰残心

もう一つ、私の好きな言葉です。
「余剰残心《よじょうざんしん》」

何にても
置き付けかへる
手離れは
恋しき人に　わかるると知れ
　　千利休

この利休宗易《りきゅうそうえき》の有名な道歌からくる教えで、

「お茶のお道具から手を離す時は、恋人と別れるがごとくの余韻を持たせなさい」という意味の言葉ですが、人と人の関係にも使える考え方です。

誰かと会った時、別れる時、互いに良い思いを残して、次にまた会う日に繋がるように、「余剰残心」を意識するとよい。

そのように伝えています。

海外での活動

地下の巨大装置

ゴミ問題を考えるシンポジウムがあり、ゴミの資源化、減量化に向けての美化運動で海外視察へ坂井時忠《さかいときただ》兵庫県知事が行かせてくれました。

イギリス、フランス、ドイツに行きました。私の初めての公的な海外活動は、これだったと記憶しています。どのようなゴミ箱があるか、ゴミのシステムはどんな工夫があるのか、そういったことの視察が目的でした。

フランスは日本と面積がほぼ同じです。同じ面積でも、日本は平地と山間地の割合が二対八で平地が少なく、フランスは逆に平地が八、山間地が二なのです。

平地が多いから高速道路も平坦な道で工費が日本に比べて割安なため、高速料金がパリを中心に百キロメートルは無料（当時）でした。

パリの街の住宅はアパートがほとんどです。これは、景観を守るために建物の色の規制があり、塗り替えも国がやってくれる制度のため集合住宅が多いのです。風景を守るためには、そういった取り組みも大事だと感じました。

パリには電柱がなく、地下に電線を含めた様々なものがすべて集約されていました。パリの地下は地層が石灰岩で、コンクリートなどで補強の必要がなく、掘りっぱなしでよいので、古い時代から発達していったのだそうです。

ナポレオンの時代からパリにはゴミ問題があり、建物の窓から市民が捨てるゴミが疫病の発生の原因ともなったということでした。

そこで、地下の川を利用した下水道にアパートの各部屋からゴミを直接捨てられる装置をつけ、傾斜を利用して自然に流れるようにして、その先の分配装置で生ゴミ、紙ゴミ、瓶などが分別されるようになっているのでした。

ゴミが取り除かれたあとの水には浄化装置もつけられ、舗装道路が蒲鉾型に中央が高くなっているので雨水もすべてその地下に流れていき、その水はシャワーやトイレに使われる仕組みでした。

その仕組みと装置を神戸に造ろうと思ったのですが、やはり地下の構造などの違いもありなかなか難しいことでした。

リサイクル専用本棚

ドイツの街の施設に「本のリサイクル専用の本棚」というものがありました。市民が、そこに読み終えた本を入れて、古くなったり破けていたりする本は修繕して本棚に戻され、それを読みたい人が自由に持ち帰ってよいというリサイクルです。

物を大事にするドイツらしい取り組みで、何でも修繕して使うのです。その当時の日本は何でも捨ててしまうという風潮だったので「日本とは随分違う」と感じたことを覚えています。

今はもう、日本も大分そういったリサイクルの意識が高まっているでしょうか？　日本には昔から物の修繕文化がありましたが、その意識を戦後の経済発展で手放してしまったのですから、今後また、リサイクル文化の先進国として歩んでいけるよう望んでいます。

ドイツでは、ライン川のほとりを走る鉄道に乗っていた時、民家の屋根の修理を家主自らが行っているのが見られました。こんな風景もドイツならでは、日本では見られないと驚きました。

ドイツに別荘？　女王陛下とお茶会？

ドイツでバス移動中、窓から有名俳優の別荘が見えた時、「あ、私の別荘もこの近くにある」。

イギリスでも移動中に腕時計を見て、「残念だわ。エリザベス女王とのお茶の時間に間に合わない」。

もちろん、両方とも私のウケを狙った冗談発言なのですが、本気にする人がいました。

別荘の話をした時は、

「ええ？　どこどこ？」

「あ、もう通り過ぎてしまったわ」

と、私が言うと、

「寄ってみたかったのに」

と、残念がられ、
エリザベス女王とのお茶の話に至っては、

「時間調整します！　すぐ向かえば間に合うかもしれませんよね」

とちょっとした騒ぎになってしまいました。

「田守さんが言うたら本当だと思っちゃうわ」

と、言われましたが、そうでしょうか？　そんなふうに見えたのでしょうか？　繰り返し言いますが、ウケを狙った冗談です。

ダチョウと女性と子供たち

昭和六十（一九八五）年に第三回世界女性会議が行われたケニアのナイロビ。空港が草原で、飛行機を降りるとすぐそばをダチョウが歩いている。という所でした。

文豪ヘミングウェイが『キリマンジャロの雪』を執筆した場所として有名な「アセンボリ国立公園」では、巨大な猛禽類《もうきんるい》が横切り、マサイ族の人たちが羊を連れて移動している……そんな光景が見られました。

ケニアの状況は酷いものでした。まず教育が行き届いていないのです。

女性は性暴力も含めて早くに子供を産まされ、その子供は放置される……。その結果、教育の行き届かないたくさんの子供が暴力や窃盗犯罪に手を染め、また、女性に性暴力を行い子供が生まれる。早くに命を落とす親もいて孤児も多い……。そんな悪循環でした。治安も悪く、夜など絶対出歩いては危ないのです。出歩かなくても、ホテルの窓に投石があり、その対策に窓に小銭を包んだものが置いてあって、それを外に投げるとその小銭を持って投石の主が去って行くという、これも悪循環です。

車のパーキングゾーンでは、空いている場所を案内してチップをもらう〝パーキングボーイ〟が唯一の収入だという子供にも遭遇しました。

そのような所で、三万人もの女性が集まり会議を行ったのです。

当時も今も、アフリカ諸国の女性や子供の人権問題は最優先の課題です。

粒粒《リンリン》皆《シェー》辛苦《シンクー》

平成六（一九九四）年、第四回世界女性会議で中国に行った時のことです。

北京には六階建ての女性会館がありました。日本でたとえるならば、銀座や六本木のど真ん中にＪＡ女性会だけの独立したビルがあるということです。日本では女性会に使われる予算はとても少ないので、潤沢なお金の使われ方に違いを感じました。

中国では日本の「農村女性会」と呼ばれる組織に、国家主席江沢民夫人を筆頭に国会議員のご婦人たちが皆入会していました。そのため、国家の中枢にしっかりと影響力があったのです。

国が農業を尊重しているので理解度が違うのです。

桂林でのしっかりとした子供教育にも驚きました。西安では、

「粒粒《リンリン》皆《シェー》辛苦《シンクー》」

という言葉を三歳の子供でも皆唱えていました。

「お米を作るのは非常に苦しく大変だから、お米は感謝して頂きましょう」

という意味です。日本にも、

「米一粒には七人の神様が宿る」

との諺があります。それくらいお米を作るのは大変なのです。今の日本では少し意識が薄らいでいるように感じますが、粒粒皆辛苦を忘れずにご飯も残さず綺麗にいただきたいものです。

英語スピーチと黄色い花

国際共同組合同盟（International Cooperative Alliance）ＩＣＡは、農業、漁業をはじ

めとする、あらゆる産業と消費者の協同組合の国際組織です。

昭和五十二（一九七七）年五月。私はその全体総会でスイスのジュネーブに行きました。英語が堪能なわけではありませんが、それでもオール英語の活動報告で二十分間のスピーチを行いました。


そのあとの、視察を兼ねた観光中のことです。観光バスの運転手が牧場に咲いている黄色い花を摘み取っていました。バスの運転手がそのようなことをしているのを珍しく思いました。

「どうして黄色い花だけを摘んでいるのですか？」

という私の問いに、

「牛にとって黄色の花は毒草だからそれを取り除いてる。スイスは観光国で景色にも価値がある。私たち国民皆で守らなければならない。私は観光の仕事をしているから、せめてもの……」

ということでした。国民一丸となっているのは、素晴らしいことです。

市役所で聞いてもう一つ印象的だったことがあります。スイスの農業者は国家公務員だという話でした。そういったことも日本の農業とは扱いが違うと感じました。日本の農業者は、江戸時代から「死なさず生かさず」などという言葉もあるくらいなのですから……。

公務員としての就業規則もあるので、農業でも、働く時と休む時のメリハリがハッキリとつけられているのです。

花金の夜五時からはパーティー

昭和五十三（一九七八）年四月、兵庫県とアメリカの提携姉妹都市への親善使節としてワシントン州シアトルに行きました。看板がなかったので、どこの景色も美しかったのが印象的でした。

ここでも農業のメリハリを体験しました。

金曜日はいわゆる花金です。農作業は五時に終わりで、そのあとはパーティーを楽しむのです。街も夕方五時からお洒落に様変わりして、洋服もガラッと替えます。女性は白、ピンク、黄色、グリーンなど華やかな色の服、男性はスーツに着替えて夫婦でデートを楽しみます。

お金が「ある、ない」ではありません。お金のない人はウインドーショッピングです。夕方から子供を預かってくれる制度も文化も、当時からありました。

日本では、女性は子供の世話で家に残り、男性だけお酒を呑みに夜出歩くのが今でも多いです。昨今は大分変わってきたようですが、男女同等に楽しむことは、これからも見習っていきたい理想です。

インドネシアで井戸を掘る

インドネシアでは、牛も室内で暮らしている、牛糞も煮炊きも一緒の場所に招かれて話をしたことがあります。

私の履いていたナイロンストッキングが羨望の的でした。半透明の肌色で覆われた、裸足ではない脚というのが初めてらしく、食い入るように皆が見ていました。

インドネシアの女性の扱いも際立って良くない状況でした。男性は遊んでいて女性が働かされ、地位が本当に低かったのです。

当時の日本円で、一万五千円で井戸が掘れるというので、その一万五千円を寄付しました。

小渕恵三外務大臣夫妻と一緒に、日本の裏側にも行きました。平成十（一九九八）年のブラジル移民九十周年記念式典です。

ブラジルに移民した日本人は、四代目になっていました。移民して行く時には良いことだけを聞かされて、夢と希望に満ちてブラジルの地に渡り、しかし現実には良いことだけではなく苦難に満ちた日々だったことなど、様々な話を聞きました。

日本の文化を継承したい……との考えから、柿や山椒《さんしょう》のタネを植えて、日本を忘れないようにしているのだと、本当に苦労と努力をしているのが分かりました。

日本輸出に向けて大豆を作っているが、なかなか販売に繋がらないとの話は今後の輸出入の課題として持ち帰りました。

様々な活動

農協婦人部からＪＡ全国女性組織協議会に

「農協」は「農業協同組合」の略称です。

英語表記（Japan Agricultural Cooperatives）の頭文字がＪＡです。

農協イコールＪＡということで、言葉としては昭和の終わり頃からどちらの名称も使われていました。私も、ちょうど全国に出ていく頃は、農協と言ったりＪＡと言ったりと呼称は混在していました。

前述でも少しふれましたが、「婦人部」という名称を、世界的な表現「女性会」にして、平成五（一九九三）年に農協婦人部からＪＡ全国女性組織協議会（略称ＪＡ女性会）に名称変更をしました。

もちろん元の名称に思い入れのある方や、反対意見もありましたが、よりよい組織にするため、時代を見据えての改革です。

あした輝くために

様々な改革の手始めに、まずは平成四（一九九二）年四月に、「『稲穂』と『協の漢字』の農協マーク」から「ＪとＡのローマ字のマーク」に変更しました。

ＪＡ全国女性組織協議会会長として名称、マーク、会則、五原則を変えました。また、ＪＡ女性会の歌の題目も変えました。それが「あした輝くために」です。

ＪＡの農産物直売所で三田米「やまびこ」と転作大豆を味噌にする計画が進み、「やまびこ味噌」ができました。やまびこ味噌は「浅草の女将」として有名な冨永照子さん（浅草おかみさん会初代事務局長）と協力して全国展開を目指しまして、今も年間一万二千個を売り上げるヒット商品です。

東の冨永、西の田守などと言われました。

やまびこ味噌発売三十周年を記念して、三田市広野にある味噌工場の創立記念モニュメントに、私の筆文字で、「あした輝くために」の碑が建立されました。

三田を愛する市民の会

三田と聞くと、何を思い浮かべるでしょうか?

グルメな方は三田牛を一番にあげるかもしれません。


こちらは、兵庫県三田市「さんだし」ですが、東京では同じ三田でも「みた」と読む地名があると聞きました。

塔下真次《とうしたしんじ》元三田市市長が、全国市長会会合で東京に行くと、いつも「みた市長」と読み間違いされていたのが、私がJAの会長になってからは「さんだ市」が全国区で知名度が上がって、最初から「さんだ市長」と呼ばれるようになったということで、「田守、お前は偉い」と、褒められました。

「農協の全国の会長。年とったオバサン会長はうるさいだろう。しかし、このうるさいオバサン先輩会長を大事にしないと組織は崩れるよ」

とのお言葉ももらいました。これは日本人が先祖を大事にするのと一緒の理屈なしの真理です。

三田市は、古くは兵庫有馬郡の中心地で城下町として栄えた歴史があります。昭和三十一（一九五六）年、私の住む藍村と本庄村が合併して相野町になりました。その後、三田町、三輪町、広野村、小野村、高平村が合併し、昭和三十三（一九五八）年、三田市が誕生しました。

市町村の合併が進み、議会のありようや経費削減が叫ばれる中、私は「三田を愛する市民の会（旧三田を愛する女性の会）」を立ち上げました。

市議会議員定数削減の市民フォーラムを開き、署名活動も行いました。

四名の定員削減を目指しましたが、二名の削減という結果でした。

それでも市議会の市政施行初の議員定数の削減を実行できたのは、とても大きな成果で意義のあることだったと自負しております。

交通安全協会

私は三田市の女性ドライバー第一号です。昭和三十八（一九六三）年のことだったと記憶しています。

その頃は、スバル３６０に乗っていました。丸っこく可愛らしい車でしたが、当時のものは、よくエンストしました。坂道でエンストすると、皆、後ろから押してくれました。駅前でもです。

家から出る時も様子を見ていた村の人が「行こか?」と声をかけてくれ、バッテリーが上がっていれば助けてくれたりと、そんな長閑な時代でした。


その後、急速に進んでいく車社会の中、交通事故から子供を守るため、交通安全教育が必要と考えました。しかし市はすぐ動くことができないようでした。そこで私は教員時代の伝手《つて》を頼り、知り合いの校長に交渉して子供たちの安全教室を開きました。そこから幼稚園や小学校で交通安全教室の講習会の開催が進んでいったのです。

三田市交通安全協会女性部副会長と警察協議会副会長も務めました。

ここでも男女の格差をなくすべく改革をすすめていたことは言うまでもありません。

そんな私ですが、令和四（二〇二二）年に寄稿文集『仰山』を発行するにあたり、事故など起こして投稿者の名を汚さぬようにと、九十一歳で免許を自主返納しました。

……しかし、その後、不便で不自由です。

銀座に耕耘機

戦後、高度成長期で目覚ましい経済成長を続ける日本は、アメリカとの間に貿易の不均衡が起きていました。日米貿易摩擦です。

コメの市場開放を求められていましたが、コメは日本の農業の命綱です。そのため、ＪＡは市場開放に反対の立場をとっていました。

ＪＡの女性会と青年会が中心となり「コメの貿易自由化反対」を掲げて銀座の大通りに耕耘機や農機具を持ち出してデモ行進を行いました。

ビルをバックに、ドドン！　ドドン！　と耕耘機が進む様子は、都会で農機具などを見慣れない人たちの間で大変話題となり、新聞にも掲載されました。

農林水産省前で夜通しの座り込みなども頑張りましたが、その後、百年に一度とも言われた冷害で全国的なコメ不足が起き、海外米の緊急輸入が行われました。それを皮切りにコメの市場自由化が進んでいきました。

ファームステイ　子供たちに農家体験を

農地や山が開拓されて新たな住宅地が作られる。日本中で行われていることです。三田にも、昭和五十六（一九八一）年に北摂ニュータウンができました。

ニュータウンに新たに移り住んだ方たちは、農業に縁も所縁《ゆかり》もないことが多いのです。そこで「ファームステイ」と名付けて、子供たちに二、三日農家に宿泊してもらい、野菜の収穫、干瓢《かんぴょう》巻きや藁草履作りなどを体験してもらう試みを行いました。

新しく農家に嫁いできた若いお嫁さんは農業に馴染みがなく、姑さんの作った野菜は食べずに捨てて、店で買っているという話も聞きました。JAでは「2アール運動」という、二アール（二百平方メートル）の畑で、その若いお嫁さんに野菜を作ることを推奨《すいしょう》しました。そして、そこで作った野菜に余剰分が出たらJAが買いとって販売するシステムを作りました。このシステムが、地元の新鮮な野菜を安く買うことができる今の「農協市場館パスカル三田」の前身です。

国際ソロプチミスト三田

「国際ソロプチミスト」は、一九二一年にアメリカで「女性と女児の地位を高めるため」に発足した国際組織です。本部はイギリスのケンブリッジにあり、現在は世界百十数ヶ国に会員のいる奉仕団体です。ロータリークラブは男性中心の団体ですが、その女性版の組織のようなもの、と考えていただければ分かりやすいかもしれません。

何らかの事業や分野で功績を挙げた人が参加し、ボランティアをはじめとする社会奉仕活動を行い、それを通じて、

「女性と女児の生活と地位向上を助け、男女平等な発言権のある平和な地域社会を目指す」

というものです。

日本では、昭和三十五（一九六〇）年に初めてのクラブが作られ、昭和三十九（一九六四）年に茶道裏千家大宗匠のご母堂が京都のクラブを立ち上げ、ソロプチミストの精神「ソロプチミズム」の全国普及に尽力されました。

昭和五十一（一九七六）年、日本はソロプチミストアメリカ連盟の日本リージョン（地域）として認証されました。

昭和六十一（一九八六）年、私はソロプチミスト三田を立ち上げ、初代会長となりました。

お茶と生け花の話

お静かにの意味は

女学校のクラブ活動で始めましたお茶と生け花は、私の大切な仕事の一つです。

私の最初のお茶とお花の先生は、いつも着物を着て、あらゆる所作から違ったので、街中で見かけても一目で分かりました。

たくさんの生徒の中でお稽古は行われ、間違えると言葉ではなくビシッと手を叩かれたものです。お花も生けてお稽古が終わり、帰り際に格子戸を閉めると、先生の声がしました。

「お静かに」

もっと静かに閉めなくてはいけないのかと、次のお稽古のあとは格子戸を閉める前に荷物も全部置いてそっと閉めましたが、それでも、

「お静かに」

これ以上どうしろというのか、と絶望しました。

嫁入り後、自分がお茶の先生になってやっと分かったのですが、

「お静かに」は「お気をつけて」という意味だったのです。奥ゆかしいお茶の世界の言葉

です。

茶道は裏千家、生け花は小原流の教授をしています。

舅とのご縁で、私は十八年間、湊川学園でお茶と生け花の講師として奉仕をさせていただいていました。

湊川学園の指導を終えたあと、自宅で個人の教室をしている他に、兵庫県立祥雲館高等学校で茶道クラブを担当し教えています。

茶室「無雙庵《むそうあん》」

市議会議員選挙で敗れたあと、もう二度と選挙に出ないと決意しました。資金があって、またその気が起きてもいけないと、あとを断つ意味もあっての虫押《むしおさえ》で、その貯えを大事な仕事場である茶室の改築に使いました。

その時建てたのが、茶室「無雙庵」です。

拘りの葛屋《くずや》の門から茶室に続く路地は、自宅の窓から見える美しい庭から繋がっています。

「無雙庵」の名称について、ある住職の方に、

「ようこんな『あつかましい』名をつけましたな……『無双』とは、二つとない最高のもの、ということですよ」

と、言われました。

茶室の建物についての言及だと思いましたので、私は、

「『無雙庵』の建物は最低ですが、庵主のこころは最高なのです」

と、胸を張って申し上げました。

庭の苔

故郷の篠山の母の実家、杉本の本家に大昔から生えている苔がありまして、子供の頃から見ていたそれが大好きで忘れられず、田守の家の庭に移植したいと採取してきました。

「苔は環境が変わると根付かない。無駄だ」

と、言われました。その言葉の通り、何度か移植しましたが根付かず、それでも私は諦めずに移植を続けました。そうしましたらある時、ほんの少し「手のひらほど」の大きさに苔が根付いてくれたのです。その苔を少しずつ少しずつ増やしていって、七十年かけて苔むす理想の庭に近づけております。京都の「杉苔」とまではいきませんが、苔は茶室の東側にすくすくと育っています。

苔が生えてからも、手入れは欠かせません。

人様から、私はいつ家に行っても「草引き」をしているのと言われるのですが、路地の草、特に苔の中から違う種類の苔を選り分け抜いていた時、

「上農は草を見ずして草を引き、中農は草を見てから草を引き、下農は草を見て草を引かず」

亡き父の言葉が蘇りました。田守の家に嫁いで七十年、霧が晴れたようにすっと父の言葉の真髄が分かったような気がしました。

人はいくつになっても気付きがあるものです。例えば私は数年前、採れたてのキュウリの中身が透き通った薄緑色だと気付きました。農業にずっと携わり、いく度となく見てきたキュウリは、「外側が濃い緑色で内側は白っぽい」。そう認識していました。スーパーや八百屋さんで売っているものはその通りなのですが、採れたてのものの中身は透けるような薄緑色なのです。

「路地百遍《ろじひゃっぺん》」

千利休から受け継がれているお茶の世界の教えで、お客様を招くときは、茶室に続く路地を百遍見回り整えるという意味です。日々、九十九回の草引きをして路地を整え、百回

目はお客様をお迎えする直前に行って、最後に引いた草を「塵穴《ちりあな》」に捨てるのです。「塵穴」は茶室の脇に設《しつら》え、手が汚れないように青竹の箸を用意しておきます。

重森三玲庭園美術館の庭などを手掛けた有名な庭師「重森三玲」さんに、庭の設計をお願いする話もあったのですが、結果的に全部自分の感性と手間で手がけました。この庭は、私の宝物です。機会があったら皆様にぜひ観ていただきたいです。

五十回のお茶会

各界から多くの方々をお招きして、毎年「お茶会」を開いていました。

毎回毎回趣向を変え、道具の取り合わせを考え、様々なテーマを決めて催します。掛け軸にあわせて、

「平和」

「翠《みどり》」

「あなたもわたし」

「喫茶去」

「一盌《いちわん》からピースフルネスを」

などなど……。

お茶会と聞くと堅苦しい場を想像される方もおられますが、「茶会」は、お招きした皆様に寛ぎ愉しんでいただき、茶を味わい庭を眺め、人との出会いや会話を楽しんでいただくものです。

もちろん、お招きするお客様へのおもてなしに不備がないよう普段からお点前《てまえ》の稽古は欠かせませんが、

「茶の湯とは、ただ湯をわかし茶を点《た》ててのむばかりなることとしるべし」

という利休宗易の言葉は、奥深く果てがありません。

茶会は、教室の弟子たちや高校の茶道部の生徒たちの大勢が準備し、参加もしてくれます。

季節は春、野点《のだて》を楽しんでいただくこともあれば、三味線、尺八、箏《こと》で茶音頭の演奏を聴いていただいたこともあります。

茶会が終われば、もう来年の茶会の準備です。茶会には「裏八部《うらはちぶ》」という言葉があるのですが、これは開催の準備に八割の時間と手間をかけるという意味です。茶花を育て庭を整え、次はどんな道具の取り合わせにしようか考えて……。

平成三十（二〇一八）年四月、五十回の節目の大茶会で、私は中振袖でお客様をお迎え

しました。八十八歳米寿の記念です。

これでお茶会は最後にする、と考えていたのですが……。

「足《たる》を知る」

「一期一会」

「和敬清寂《わけいせいじゃく》」

語り、嚙み締めた言葉の数々……。

私は春の「お茶会」の復活を考えています。

清水寺での生け花

市役所、警察署、数々の催しのためのホール、時には何とダムの湖上でと、多くの場所で生け花をしてきました。

播州清水寺、西国三十三所二十五番札所の住職が、我が家の「小原流」看板を見つけて、婦人に勧めてくれたのがご縁で、清水寺の玄関その他に生け花を生けております。

ふたつの大震災

阪神淡路大震災

平成七（一九九五）年一月十七日、阪神淡路大震災が起きました。

私はその頃、前庭神経麻痺《ぜんていしんけいまひ》を患い、寝たきりに近い状態でした。自分は動けず歯がゆい思いをしたのですが、私の歩んだ道のりの中でできた多くの仲間たちが奮闘してくれたのです。

甚大な被害があった神戸近くでありながら、三田は比較的被害が少なく、被災者の多くが避難してきておりました。

ＪＡも、支援の必要性を感じていましたが、会議による決定などの手順を踏まなければなりません。しかし被災者には今日明日すぐの支援が必要なのに……という中、

「ＪＡ女性会が炊き出しをします」

と、ある方が手を挙げてくれたのです。その日の夜には各支部を通じて各家から米と野菜が持ち寄られ、ＪＡ倉庫で炊き出しをして被災者の集まる場所へ運んでもらいました。

ＪＡ事務局がすぐには動けない中、女性の機動力がものをいった瞬間でした。

テレビが連日、避難所の様子を報じることで、災害時の女性、子供、赤ちゃんに向けての避難物資が行き届かないことや、避難所のトイレや着替えなどで女性が不自由を感じ問題が起きていることが全国的に認識されたのです。

男女共同参画の課題である「組織のリーダーに女性が少ないため、女性たちの意見が通りにくいのではないか」ということが問われ、その後の災害時支援の意識改革に繋がることになりました。

東日本大震災

平成二十三（二〇一一）年三月十一日、東日本大震災がありました。

大きな津波と福島第一原発の事故による被災者の避難先である二本松に、私は「被災地支援隊長」として向かいました。

ドライバーをお願いしたのは、津波調査や瓦礫《がれき》の撤去などの経験豊富な男性でしたが、阪神淡路大震災の時に「女性や子供への支援が特に不足していた」ということを踏まえて、神戸新聞の女性記者にも同行いただき、数として多くは女性という支援隊でした。

福島県出身のＪＡ女性会の副会長に連絡を取り、連携もしました。

二本松で待っていてくれたのは、そこに住む女学校時代の恩師夫人です。

高村光太郎の『智恵子抄』で知られる「安達太良山」を望む場所で被災者の方々から直接惨状を伺い、支援に細かい配慮を考えたことを覚えています。

その後、避難所の生活は想像以上に長引きました。物資の援助や困りごとを解決するだけではなく、心のケアの必要性が問われ始めたのです。

何か楽しんでもらえることはないかと、レクリエーションをあれこれ考えた中で思い付いたのが茶の湯です。支援隊に播州清水寺の住職夫人が加わってくださったので協力をお願いし、震災から六か月後の浪江町被災者仮設住宅で、簡易的ですが「お茶会」を開催しました。

お茶を召し上がりいただいた「丹波立杭焼《たんばたちくいやき》」の抹茶茶盌《ちゃわん》はそのままお持ち帰りいただきました。

「こんなお茶を飲むのは生まれて初めて」

「とても心が落ち着き、癒された」

そんなふうに喜んでいただけました。

後日、持ち帰ったお茶盌を仮設住宅の棚に飾り、手を合わせて祈っておられるお年寄りもいたとも聞きました。

少しでも被災した方々の心の慰めになったとしたら私も嬉しく、本当に良かったです。

現在も福島の方々との文通は続いています。

夫との別れ

悲しい寂しい別れの時が来ました。

平成三（一九九一）年五月十三日、夫が亡くなりました。

一月九日から四か月に亘る長い入院生活でしたので、私もその間、病院で生活、仕事をしていたようなものでした。始発の新幹線で東京に行ってＪＡの仕事をし、文字通り飛ぶように帰ってきて、家でご飯を炊いて握り飯にして持って病院に戻り……。仕事の書類を持って行き、病室でやっていました。看護師さんには東京に行っていることを言って、当時五万円以上した大きな大きな携帯電話を持って、すぐに連絡がとれるようにしていました。

夫は、病状の悪化と投薬の影響で意識が混濁することが増えていました。

「あんた、綺麗な着物着とるなあ……」

夫の看護で、当然着物などを着ていたのではなかったのですが、夫にはどんな私の着物姿が見えていたのでしょうか？

「はよう行こう」

と、言うので、

「どこへ行くの？」

と聞くと、

「バスに乗る。お茶会へ行くんや」

と……。


いよいよ危ないといわれた夜は息子も病室に泊まり、明くる朝八時過ぎに仕事に出ていって、私は病室についている洗面所で歯磨きをしていました。医者がバタバタと入ってきた時には、夫はもう息をしていなかったのです。本当にあっと言う間でした。

その日は、国際ソロプチミストの五周年記念式典があったのです。

あちらこちらから来賓も来ていますし、会長として挨拶をしなければいけません。悲しみの中どうすれば良いのか途方に暮れていると、亡くなったあとの清拭《せいしき》などで一時間病室に入室禁止と言われてしまいました。その一時間の間に「いける」と思いました。長く私の活動を見てくれていた夫の後押しを感じました。

式典会場では、「会長が来ない」と騒ぎになっていたそうです。

病院からボロボロの服で車に乗り、信号で止まるたびに化粧をしました。後ろをチャックで閉めるだけのドレスは車に積んでありました。

会場に着いて、トイレの中で着替えていると、ドンドンと扉を叩く音がしました。

「田守さん！　どないした？　何かあったんか？」

「何もない」

私の酷い顔色を見れば、分かっていたかもしれませんが、私は何も言いませんでした。

「水、一杯だけ頂戴」

私はそれだけ言って水を飲み、会長挨拶をしてから病院の夫のもとに帰りました。

田守の家に嫁いできた時、舅に誓約書を書かされたことは書きましたが、

「夫と結婚したのに、なぜ舅と誓約書を交わさなければいけないのか」

そう思い、夫にも「誓約書」を書いてとせがみました。夫は書いてくれました。

長くどこかに行っていたその誓約書が出てきたのが夫の葬儀の時でした。

二つの勲章

様々、世の中のために頑張ってきた結果、二つの叙勲を受けました。

平成六（一九九四）年一月、黄綬褒章を内閣総理大臣より賜りました。こちらは、農業、商業、工業などで功績を残した者に授与される勲章です。

平成十二（二〇〇〇）年一月、勲五等宝冠章を天皇陛下より賜りました。国家または、公共に対し功労のある者に授与される勲章です。宝冠章は、かつては男性にしか授与されなかった旭日章を、女性にも授与すべきであると明治二十一年に制定された勲章です。

夫のいない園遊会

勲五等宝冠章を授与されたので、翌年の園遊会への招待状も届きました。本来なら夫婦で参加ですが、夫はもうこの世にはおりません。

夫の生前、皇居の草刈りに応募して二人で行ったことがありました。そのことを思い出し、夫と一緒に参加するさまを想像しました。園遊会に私が招待されたと聞いたら、内心とても喜びながら、済ました顔でエスコートしてくれたのでは？　と……。

夫の代わりを務めてくれたのは次男です。次男は普段もずっと私をサポートしてくれている、優しく頼りになる存在です。園遊会でも見事にエスコートしてくれました。

私をはじめとする叙勲者は、陛下からお祝いのお言葉を賜りました。

皇后陛下のお髪《ぐし》と、グレーの手袋のお手元の美しさが目に焼き付きました。

皇居の中では人垣の最後に陣取って、

「『目立ちい』の私、ちゃっかりしてますやろ？」

です。

ＪＡ女性会の前会長と明記してある名札をつけていましたので、そこに気がついた皇族の方々からお声がけをいただけました。

「農業大変ですね。頑張ってくださいね」

「全国に大きな組織があるんですね」

私は、

「全国のおかあちゃんたちが、日本の農業を護っているのです」

と、ＪＡの中の女性会について、ばっちりアピール致しました。

出身地を尋ねられましたので、

「丹波篠山です」

と、答えましたら、

「丹波の黒豆美味しゅうございますよね？」

ともお言葉を頂いた話を、あとで知人にしましたら、

「田守さん、あんた何でお送りしましょうかって言わなんだ？」

と……。そうでした。私としたことが失敗しました。親戚が川北で黒豆屋をやっているというのにです。

第四章　未来へ

別れとこれから

舅も夫も見送り……姑も亡くなりました。

家を新築することになって、姑のいつも居る寝間も建て替えになりました。義妹が大阪万博の跡地に家を建てて独立していましたので、その間は姑をそこで看てもらっておりました。新築が完成したら帰ってきてもらう約束だったのですが、娘の下の生活がお気に召したのか、そのまま帰ってこなかったのです。

ある日、姑の調子が悪く救急車で運ばれたと電話がありました。

「今、病院を探している。決まったら連絡する」

そう言われて、すぐ駆けつけられるようにと待っていましたが、姑は病院に着いた途端に亡くなりました。

生前帰ることのなかった田守の家に、連れて帰ってお葬式をあげました。そのお葬式の時に、前述しました姑の「ワンダフルの後日談」が起きたのです。

「ここのおばあさん、賢い人やった。女子大出て、『ワンダフル』の名付けで洗濯機貰いはったんやで」

と親戚が、姑を偲ぶ中で話し出したのです。

私が嫁いで少しした頃、新品の洗濯機が届いたのです。姑は義妹の名を出し、

「〇〇ちゃんが買うてくれたものだから、使っておくれやす」

私にそう言っていたのですが……。

実はその洗濯機こそが、「姑が洗剤の名称公募で『ワンダフル』の名付け者になり、その副賞として貰ったもの」だったのです。ガッチリと釘で打たれた木枠で止められていたそれは、今思えば副賞で届いた洗濯機の梱包《こんぽう》をやり直したものでした。

若かった私は、あまり折り合いの良くなかった義妹――年上の義妹は私のことを「義姉《ねえ》さん」と呼びましたが、それは尊敬や、重んじる意味合いで呼んでくれているわけではないことをお察しください――その義妹が買った高価な洗濯機を勝手に使うこともできずに困惑したのもありますし、何より一人では頑丈な木枠を外せなかったのです。

姑は、自分の「ワンダフル」の手柄を私に話すことなく、娘である義妹と私の関係を取

り持つために使おうと考えたのでしょうか？　親心として分からなくもないですが、高価な洗濯機、ご自分で使っても義妹に使わせても良かったのに、とも思いました。

最後の最後まで、こんな話のオチが待っているとは、姑はやっぱりハイカラでワンダフルだったということでしょう。

観世音菩薩《かんぜおんぼさつ》

寂しいことに、七人いた私の兄弟は、もう妹だけになってしまいました。妹も病院に入っていて退院するのは難しいといわれています。

大好きな兄も逝ってしまいました。兄は海外にて石段で転び、たまたま体の前に下げていたカメラが災いして怪我をし亡くなりました。日本国内だったら駆けつけることもできたかもしれないのにと、残念でなりません。

母も九十二歳で亡くなりました。母が八十五歳になったある日、私は母に言いました。

「観世音菩薩になってほしい」

母は、

「御慈悲《おじひ》のことか？」

と、言い、

「その回答は三十点ですなあ」

私はそう答えました。歳を重ねたら、慈悲深くいつもニコニコと笑い、動じない菩薩のようになれるのではないか？　と思い、母に言ったのですが……。私は、母の亡くなった歳を超え九十三歳になった時、このことを思い出しました。歳を重ねても「観世音菩薩」にはなっていませんし、なれそうもありません。自分もできもしないことを母に言ってしまったのだなと後悔しています。

戦争のこと

見送りと遺骨の帰還

私の幼少期の時の話で、少しばかり触れましたが、改めて戦争についてのことを、こちらでも書かせていただきます。

生まれ育った篠山に歩兵第七十連隊という部隊の駐屯地がありました。

そこで訓練をして従軍した兵士は、戦地に出れば屈強で勇猛果敢で、「丹波の鬼」といわれるほどでした。

軍旗祭《ぐんきさい》という、軍旗を掲げる祝賀行事に、篠山町を含めて一町十五村からなる多紀郡《たきぐん》の小学五年生の女生徒二、三百人で慰問に行ったこともありました。歌を歌い踊りを踊り……。着ていたのは、母が着物を解いた布で縫ってくれた体操着でした。雨が途中で降ってきて帰ることになって、兵舎で着替え、体操着を下駄箱の空いている所に置き忘れて帰った思い出……。

篠山口の駅に、訓練を終了して戦地に旅立つ兵士の見送りに毎日行きました。見送りに来た父母たちは、たくさんの兵士の中から自分の息子を探し出し、見つけたら何かしらの品物を渡す……。息子である兵士は、受け取ったものの、それを従軍先に持っていくことはできないので、軍人以外の誰かに託すしかなく……私も何度もそんな物品を貰ったことがありました。そんな悲しい別れのシーンも数多く心に残っています。

連隊の兵舎に面会にやってきた父母が泊まるための旅館がいっぱいで困っているのを知った父が、何人も家に連れてきていました。何度も泊まり常連になった人とは、親戚のようになりました。

「突然じゃけえのう、泊めてつかあさい」

広島から来た人のこんな挨拶から広島弁を覚えたりもしました。

命を落とした兵士の遺骨の出迎えにも行きました。

パーァパッパッパーァ…といううもの悲しいラッパの音……。

千里の外に出でゆきて…といった歌い出しで始まる歌の、戦死した兵士を思い歌う悲しいメロディが今も耳について忘れられません。

同時に青年将校となって、軍服にマントを着けて篠山に帰ってきた兄を見て、

「うちの兄ちゃん、偉い人になった」

そう思った六年生の私……。確かに兄の姿はとても格好良かったのです。私だけでなく、その頃の子供は皆その軍服に、兵隊さんに、憧れを持っていました。

小さな子供に、

「大きくなったら何になる?」

と聞くと、

「へいたいちゃん!」

と、答える……。

そんな時代になってはいけない。軍隊、戦争への憧れなど子供に持たせてはいけないのです。

新聞の切り抜きのあの日

「今日は、あんた、部屋にお入りなされ」

田守の家に嫁入りしてきた年のことです。姑に言われて部屋に入りました。その日は十二月八日。壁には真珠湾攻撃の記事の新聞が貼ってありました。

「これ、ご存じでっか?」

と、姑に問われました。もちろん知っています。

真珠湾攻撃——昭和十六(一九四一)年十二月八日、日本海軍がハワイ州オアフ島真珠湾で、アメリカ海軍の太平洋艦隊と基地に奇襲攻撃をしかけて、大東亜戦争(のちの呼称太平洋戦争)が始まったのです。

「お義母さん、私らこんな歌、歌《うと》うて……」

と、全国で流行していた真珠湾攻撃に参加した九勇士の歌を口ずさみました。

小学校で歌ったのです。

穴だらけの新聞

この、姑の「新聞の切り抜き」の影響もあるのかもしれません。私は今でも新聞は三年間捨てずに取っておきます。去年、一昨年、一昨々年、と三年間分積んで置いてあります。

古新聞として使うのは四年目のもの。それも切り抜きが多い、穴だらけの新聞です。生け花では古新聞をよく使いますが、

「先生、新聞ください」

と、弟子に言われて、それを渡したら怒られました。

「先生の家の新聞、二枚か三枚で一組や。重ねないと使えない」

それぐらい切り抜いてあるのです。

その「穴だらけの新聞」を見るたびに、思い出します。

「戦争は怖い怖い。ええか、あんたは、死ぬまで！　永久に！　戦争は、反対しなはれよ。いつまでも反対しなはれや」

あの日、十二月の八日の日、姑に言われた言葉です。

不自由な戦中

私が育ったのは田舎でしたので、都市部の人たちのような凄まじい食糧難の経験はありませんが、それでもお米は軍がやってきて強制的に持っていかれたりと大変でした。カサ増しに南京《なんきん》（カボチャ）、芋ご飯……。

農村が近くにない都市部では更に酷く、政府が決めた「配給」だけでは餓死してしまう

という状況だったのです。

運動靴を買うために「くじ引き」があったり、布の入手はチケット制だったりでした。

金属回収で持っていかれた火鉢は、鉄砲の弾になりました。

小学校で歴代天皇の名前を暗唱させられた話は前述しましたが、それは「万世一系《ばんせいいっけい》」といって永久に同一の系統が続くこととされ、その始まりが神である……という考えでした。

「私たちは神の子である」

ゆえに、

「欲しがりません勝つまでは」

「贅沢は敵だ」

等々、皆大人から子供まで唱えさせられていました。

「撃《う》ちてし止《や》まむ」

この言葉も、戦意向上のスローガンとして唱えていました。

当時は、子供だった私を含め、多くの人たちは、

「敵を撃つまで戦いを止《や》めるな。敵を撃って撃って撃ちまくれ！」

そんな意味で使っていました。

今回、この本の発行を機に改めて調べましたところ、出典は「古事記」で、神武天皇が

戦意を鼓舞するために詠んだ「久米歌《くめうた》」の一節でした。

「敵を撃ち取って速やかに戦いをやめる」

というのが本来の意味です。敵を撃ちまくれというのは、逆の意味での誇大解釈だと感じました。九十三歳になり、初めてこの真の意味を知り、

「教育とは何なのだろう？」

と、当時の軍事教育の歪みと、現在の教育のあり方は大丈夫なのか？　そんなことまで思いを馳せました。

服装も髪型も派手なものは禁止され、服装はもんぺ。パーマをかけるなどもってのほかでしたが、年頃の姉はお洒落がしたかったのでしょう。パーマの薬剤もないので、炭を持参してコテを焼いたものでパーマをかけてきて、父に怒られていたのを覚えています。

今考えるとそこまで怒るか？　という凄まじい父の怒りでした。たかだかパーマで「村の恥さらしだ」とまで言われたのです。

「早《はよ》うお父さんに謝り！」

と、私は泣きながら姉に言ったことを覚えています。

兄の出兵と代理の三々九度

降る星の如く……。当時、将校といえば、縁談は降る星の如く花嫁候補の申し出があったというのですが、候補の女性たちは「戦争」を、「命を奪われるかもしれない」ということを、どう考えていたのでしょうか？　今になってもその気持ちは理解できません。

出征兵士のお嫁さんの家や戦死した兵士の家は「誉《ほま》れ」だなどと言われていたのです。

兄は、青年将校として加古川に出征していて、私は父母と面会に行きました。三十分の時間制限の面会なのに、兄はなかなか来ません。

「あ、兄だ」

と、遠くに見えても、二、三歩歩いては上級兵に敬礼するために足を止めるので前に進めず、やっと来たと思ったらもう時間でした。母は一口で食べられる「おはぎ」を渡し、兄はチャチャッとポケットに入れ、他の人たちにバレないように、何と当時の「ぼっとん便所」の中で食べたそうです。

兄の結婚式は、急な任務のため式の当日に戦地から花婿である本人が帰ってこられなかったのです。

お嫁さんの向かいには、兄の代理として小学校四年生の弟が座り、三々九度の盃を交わしました。戦時下で「明日をも知れぬ身ゆえに結婚式は挙げておきたい」という強い思いのうえで行った「代理の三々九度」でした。これは「写真結婚」と呼ばれて戦争中は珍しくもない話だったのです。

その後、兄は下関の航空隊に転属して、そこに父母と兄のお嫁さんも一緒に会いにいきました。

「古杉少尉のご家族ですか？」

と出迎えてくれたのは、兄ではありませんでした。

お嫁さんと兄が新婚生活を始めるための家財道具も持ってきているのに、兄は朝鮮半島に行って居ませんでした。二、三日で帰ってくると言われましたが、狭い官舎の中、私たちの座る場所もおぼつかないので、持っていった荷物だけ置いて帰ってきました。

その後もう一度行って、やっと兄に会えました。兄とお嫁さんは、そこ下関で束の間の新婚生活をスタートしたのです。

終戦後、兄とお嫁さんは一緒に篠山に引き揚げてきたのですが、その電車の中でお嫁さんの具合が悪くなりました。手を尽くして、それこそ「篠山中のお医者さんを呼んだ」のですが、お嫁さんは亡くなってしまいました。不自由な下関での暮らしと、引き揚げ時の無理が祟ったのでしょう。たった一か月の新婚生活……。何という悲劇、やっと戦争が終わったというのに……。兄も、何年もの間悲しみに沈んでいました。

その後、兄には、良いご縁があり、再婚して娘も生まれて幸せな一生を送りましたが、この若い夫婦の一件は、戦争によって起こった数多くの悲劇の一つとして書き残しておきます。

夫の戦争体験

夫も戦争体験者です。二十三歳で将校として入隊し、わずか半年で三百人の中隊長に任命されました。中隊は普通、百五十人くらいだというので、きっと重要な場所への従軍だったのでしょう。

中国の「海南島」という場所です。夫の死後、旅に詳しい方に同行してもらい、私も行ってみたのですが……。島という名称がついていますが、九州と四国の中間くらいの大きな島です。

当時の日本軍には、食糧や物資を現地調達しなければいけないという過酷な事情があったのです。三百人の部下が居たら、その人数分を自力で確保しなくてはいけない……。そのために民家を襲撃したそうです。

「そんなんしたら民家の人はどないなる?」

私は思わず声を上げていました。民家の人は風呂敷包みを持って子供を連れて山に逃げていったというのです。

「そんな酷いことしたの?」

「そら、せなあかん。隊長が『進め』の号令で行くのだ」

夫は自分に言い聞かせるかのように静かに答えました。

「あんた、人殺ししたり鉄砲撃ったりする人じゃないのに……」

私のその言葉に、

「私は人は殺していない」

そう、夫は言っていました。

夫は戦争映画のテレビを観て、よく怒りを露わにしていました。

「万歳!」「お母さん!」などと叫びながら死んでいく兵士たちの描写をみて、

「こんなん違う！　そんなん言う暇あるか。人が死んだら介抱などする間もない。銃弾がババババッて飛んでくる。その死体の上を、うわーって言って踏んでいくんや」

ご遺体も時間がある時には、穴を掘って埋めたけれど、多くはそのままにされていたと生々しく辛過ぎる思い出を語っていました。


夫が亡くなって、葬式の後日、戦争当時の将校仲間が三人、お悔やみに来てくれました。その時、

「貴方は将校の時に、人を殺したことがありますか？」

と、息子が聞いていて、三人は三人とも、

「私は人を殺したことはありません」

と、言っていました。息子は信用していない口調で、

「口堅いな」

と、言いました。

そもそもなぜ、息子は三人にそんな質問をしたのでしょうか？

「お父ちゃんだって、中国に戦争に行った時に人を殺したことがあるのに」

夫は私には殺していないと言っていましたが、息子には話していたのです。

「僕、聞いた。お母ちゃんには言ってないけど殺したと……」

私があまりにも嘆くので、夫は言えなかったのかもしれません。

息子は、それを夫から聞いて知っているから、

「現地に行った三人だってそのはずだ」

と、追及したけど、言わなかったと……。改めて胸が張り裂けそうになりました。

「そういうことしとる。させられとる。せざるを得ない」

だったのです。

それが戦争です。


夫の弟は、特攻隊の生き残りでした。特攻隊（特別攻撃隊）の名前を知らない人は居ないでしょう。小型戦闘機に爆弾を積み、敵の空母に突っ込んでいくのです。空の神兵《しんぺい》などといわれて、表向きは「志願」であったのですが、そんなものは建前です。

特攻隊の人は、ヒロポンという覚醒剤を飲まされ、判断力すら奪われて、上からの命令で死地に向かわせられました。極めて馬鹿げた、凄まじく酷く悲しいことです。

絶対に繰り返してはならない

昭和二十年の終戦後から今日に至るまで、日本は直接戦争に参加はしていません。しかし世界では今もあちらこちらで世界的な戦争に広まるかもしれない戦火が燃えています。

戦争を実際に体験した者として、決して繰り返してはいけない過ちについて声を上げ続けなければいけません。

終章

女の川を流しましょう

世界女性会議が行われたケニアのナイロビから帰ってきたあとの報告会で、

「女の川を流しましょう」

と、キャッチフレーズをつけて話をしました。女性運動を「女の川」と表現して、川の流れのようにどんどんとすすめていこう……と、私は「上手いこと説明した」と思っていたのですが、

「『女の川』とは、どこにある川ですか?」

と、講演のあとで聞かれまして、

「通じなかったのか……」

と……。たとえ話の言葉は難しいです。

「田守さん、三田には武庫川《むこがわ》があるのに、もう一つどこに『女の川』を流されるのですか？」

と言われて私が天を仰いだのは、そのたとえ話をしてからずっとのち、最近の話です。

女性運動では、日本は世界から後れをとっています。受け継いでいくのはこれからの人です。若い人たちが「女の川」を増やし、どんどん流していく。そのことが大切です。それを私はこの先もこころから願っております。

私は九十歳を過ぎ、ようやくJAをはじめ、様々な役職の第一線から退きました。

先だって友人の叙勲記念祝賀会に行ったのですが、コップ二杯のビールを呑んで少しですが酔っぱらいました。

女性で色々な役職を務めていたものですから、女は特に酒に注意、酒での失態はしないと肝に銘じていたので、今まで酔ったことは一度もありませんでした。それが、様々から解放され、たったコップ二杯のビールでフワフワと良い気分になったのです。

会場にはバイオリンの生演奏が流れていました。美空ひばりさんの「川の流れのように」の曲が始まった時、誰も歌ってくれと言っていたわけでもないのに、出ていってバイオリンの演奏にあわせて歌ってしまいました。とても気持ちが良かった……。箍《たが》が外れていたのでしょう。

歌詞が「私の人生そのものだ」と思い、この時は私の川を存分に流させてもらいました。

いつか天国に行ったら

私も九十歳をとうに超えて、

「いつか天国に行ったら……」

そんなことを考えないわけではありません。

ＪＡの仕事も整理して……などと言いながら、何だかんだと忙しく過ごしています。

畑仕事や千利休の教えを守った「路地百遍」の草引きを繰り返すうち、あの「美しいと言われた手」はすっかり変わり果ててしまいました。右手は指が酷く痛み、あまり動かなくなってしまいました。左手も痺れが出ています。

「手根管症候群《しゅこんかん》」

という診断で第四級身体障害者と認定され「障害者手帳」も交付されました。

身体が痛むのも不自由になるのも九十三年も生きているからこその辛さなのかもしれま

せん。

治るまで庭の草取りをやめるよう医者に言われているのですが、茶会の開催を目指していますので、ボチボチと復活していきます。


新たに始めたこともあります。

「一〇〇会《いちまるまるかい》」

と名付けました。一〇〇、つまりは、「百歳まで元気で健やかに生きよう」という……私らしい挑戦をする試みの会で、メンバーを募集中です。

色々なこと、まだまだ道は半ばです。

日々精いっぱい過ごしてきましたので、

「いつあの世に行っても悔いはない」

「いやあるけど」

「あと十年頑張るか」

などなど、あれこれと思います。

「田守さんは百まで生きる」

と言う人は大勢いますが、

「じゃあ保証書をください」

と、言っても誰もそんなものはくれません……。

「そや、保証書は私が持っとる。私自身が『保証書』や！　ああそうか！」

と閃きました。


天国……だけではありませんね。あの世には地獄もあるのでしょうか？　ないのでしょうか？　もし地獄があるのでしたら、閻魔様に直談判して過ごしやすい良い場所に改革しなければいけません。

私はあの世に行っても忙しいのです。

天国が、本当にあるかどうかは分かりませんが、その世界に行くのを楽しみにしています。

そして、天国でもたくさんの人たちに迎えられ、迎えて、忙しく立ち振る舞いたい……。

真夏に、いつまでも咲き誇る、百日紅の花のように。

後記

田守榮子先生の生きざまの話を初めて伺った時、

「朝の連続テレビドラマのようだ」

「長編映画を観たようだ」

そんな思いに駆られました。苦難をも己の糧にしてゆくさまは、鮮やかで宝石のような人生だと圧倒されたものです。

私は先生がご高齢でお手が不自由になったため、言葉を文章に書き起こす手伝いを依頼されました。先生の素晴らしい人生を皆様に追体験していただける書籍に係わることができたのは、私の人生の中で手にすることのできた宝石です。この本を手にした方々が同様の宝石を手にいれられることを願ってやみません。

最後に本の発行に関わってくださったすべての関係者に感謝を捧げます。

殿勝裕子

著者プロフィール

田守 榮子（たもり えいこ）

昭和5年1月24日 兵庫県多紀郡篠山町（現・丹波篠山市）生まれ。

子供の頃に第二次世界大戦を経験。

昭和24年3月 兵庫県立短期教員養成所を修了後、小学校教員となる。

昭和27年3月 結婚。その後、農業者として勤しむ中、農村女性の地位向上を目指し活動して初のJA全国女性組織協議会会長となる。

日本の男女参画運動の先駆けとして、国連主催の世界女性会議に出席するなど海外でも大いに活躍した。

小泉純一郎厚生大臣の下、日本初の公的介護制度である介護保険制度を成立させた。

茶道裏千家、いけばな小原流の教授として、茶室「無雙庵」で茶道華道教室を開くほか、湊川女子短期大学（現・湊川短期大学）、有馬高等学校、兵庫県立三田祥雲館高等学校で講師として指導。

国際ソロプチミスト、兵庫県交通安全協会婦人部、三田市音楽協会、三田市文化協会、男女共同参画に関する指針検討委員会、JCAグローバル女性委員会など、多種多様な分野で活躍。

現在、兵庫県三田市在住。

主な受賞・受章歴

昭和59年	自治賞（兵庫県知事）
昭和60年	交通安全運動功績感謝状（兵庫県警本部）
昭和61年	交通栄誉章緑十字銅章（全日本交通安全協会理事長）、交通安全金賞（兵庫県警察本部長・兵庫県交通安全協会長）
昭和63年	農村生活改善功労感謝状（三田市）
平成3年	農協婦人組織育成と女性地位向上功労表彰（兵庫県知事）、近畿交通栄誉章（近畿管区警察局長・近畿交通安全協会協議会長）
平成6年	黄綬褒章（内閣総理大臣）
平成12年	勲五等宝冠章（天皇陛下）
平成14年	皇居 園遊会招待
平成16年	さつき賞（三田市長）

百日紅

2024年３月15日　初版第１刷発行

著　者　田守 榮子
発行者　瓜谷 綱延
発行所　株式会社文芸社
〒160-0022　東京都新宿区新宿1－10－1
電話　03-5369-3060（代表）
03-5369-2299（販売）

印刷所　図書印刷株式会社

©TAMORI Eiko 2024 Printed in Japan
乱丁本・落丁本はお手数ですが小社販売部宛にお送りください。

送料小社負担にてお取り替えいたします。

本書の一部、あるいは全部を無断で複写・複製・転載・放映、データ配信することは、法律で認められた場合を除き、著作権の侵害となります。

ISBN978-4-286-25244-5